AF312574

ORIGINE

DE LA

CAISSE D'ESCOMPTE;

SES PROGRÈS, SES RÉVOLUTIONS,

Les changements survenus dans le régime de son
Administration : Ses Statuts : Son Organisation :
Ses Droits à la confiance publique,

OU

LETTRE DE M. DUCLOZ DUFRESNOY, *Notaire*, &
Suppléant de la Députation de Paris, à M. le Comte
DE MIRABEAU, sur sa MOTION concernant la
CAISSE D'ESCOMPTE.

1789.

Motifs abfolument étrangers aux intérêts, &
à la fituation de la Caiffe d'Efcompte.

Cette difcuffion prouvera que la Régéné-
ration des finances opérée, & la Conftitution
faite, la Caiffe d'Efcompte aura des droits
plus inconteftables à la confiance publique
que la Banque de Londres, & que c'eft fur fes
fondemens que doit être élevé l'édifice d'une
Banque Nationale.

C'eft un ami variable dans fes principes,
fur l'utilité de cet établiffement qui a égaré
votre plume, c'eft un Patriote qui fe fait
un devoir de vous rappeller à votre caractère,
c'eft-à-dire, à cette invariabilité de Principes,
qui, fur la matière du droit public, vous a
toujours caractérifé.

§. I.

Principes confacrés par M. le Comte
DE MIRABEAU, & extraits littérale-
ment de fon ouvrage fur la Caiffe
d'Efcompte publié en 1785.

» Les Banques publiques fourniffent aux
» Nations emprunteufes, & obérées, un
» moyen de reffource & d'économie.

» Une des grandes utilités de ces institu-
» tions ingénieuses , mais délicates , est de
» faciliter les échanges, en multipliant les
» signes représentatifs des nécessités , & de la
» richesse.

» Elles ne le font pas moins, pour entre-
» tenir l'intérêt de l'argent, à un taux plus
» bas, & plus uniforme, qu'il ne l'étoit avant
» leur établissement , & cette opération de
» première importance, est également favo-
» rable à l'Agriculture, aux Manufactures,
» au Commerce, & aux Finances : Graces au
» bas prix de l'intérêt de l'argent , l'Agricul-
» ture est encouragée ; les Manufactures, sans
» augmenter leurs charges, emploient de plus
» grands capitaux ; le Commerce s'ouvre de
» nouvelles branches dont le haut prix de
» l'argent l'avoit exclus jusqu'alors, & les
» Gouvernemens acquièrent des moyens de
» soulager le Peuple , sans nuire à leurs re-
» venus.

» Ces considérations, & même celles rela-
» tives à la facilité, que la réduction de l'in-
» térêt , donne au Souverain, d'emprunter, en
» augmentant plus lentement , si ce n'est, en
» diminuant la dette publique, nous paroîs-
» sent faites pour plaire aux bons esprits.

» D'ailleurs on est long-tems incommodé
» de la rareté des Espéces avant que de con-
» noître distinctement la cause de ce qu'on
» éprouve. On regarde la disette du numé-
» raire comme momentanée ; & ce n'est
» qu'après en avoir long-tems souffert que
» l'on cherche à y remédier. Or, les Caisses
» d'Escompte ont au moins la propriété de
» retarder beaucoup ces époques embarras-
» santes, puisqu'elles suppléent à la monnoie
» par des Billets de confiance, *qui valent au-*
» *tant, lorsque cette confiance a une base solide.*
» Les établissemens de ce genre sont néces-
» saires sous ces rapports.

» *Les Caisses d'Escompte sont donc, sous bien*
» *des aspects, des établissemens précieux qui mé-*
» *ritent intérêt & faveur a.*

Le retour, Monsieur le Comte, à ces principes, a sans doute dicté ces paroles de votre
Motion.

» Je suis loin de vouloir détruire la
» Caisse d'Escompte ; c'est vous, Messieurs,
» qui la détruisez, si vous perdez de vue
» long-tems encore les soins pressans que
» l'établissement du crédit national exige. Que
» la Nation puisse enfin se reposer sur vos
» travaux ! que le retour de l'ordre se fasse

» appercevoir ! que vos promeſſes, vos réſo-
» lutions inſpirent pleine confiance par la
» ſageſſe de vos décrets ! & l'on aura bientôt
» trouvé le remède dont la Caiſſe d'Eſcompte
» a beſoin, il eſt indiqué par l'abus même
» qu'elle a fait de ſon induſtrie.

§. I I.

Principes de SMITH (1) *ſur l'utilité des Banques publiques.*

» La ſubſtitution du papier à l'or, & à
» l'argent monnoyés, remplace un inſtrument
» du Commerce fort diſpendieux, par un
» autre, qui coûte bien moins.

» Lorſque le papier tient la place de l'or
» & de l'argent monnoyés, la quantité d'ou-
» tils de ſubſiſtance peut être augmentée de
» toute la valeur de l'or, & de l'argent,
» qu'on avoit coutume de mettre à les ache-
» ter.

» L'opération reſſemble en quelque ſorte à

______

(1) Traité des Richeſſes des Nations.

» l'Entrepreneur de quelques grands ouvra-
» ges qui, en conséquence d'une perfection
» dans quelques méchaniques, supprime les
» anciennes machines, & ajoute la différence
» entre leur prix & celui des nouvelles à
» son capital, où il puise pour donner le sa-
» laire à ses ouvriers.

» On peut comparer justement l'or, & l'ar-
» gent qui croîtroit dans un pays, à un
» grand chemin, qui sert à porter & à voi-
» turer au marché tous les fourrages & tout
» le bled du pays, mais qui ne produit pas
» un seul brin, ni de l'un, ni de l'autre.

» Une Banque sage, si on me permet
» une métaphore si violente, ouvre un che-
» min dans les airs, & donne le moyen de
» *convertir, pour ainsi dire, une partie des grands*
» *chemins en pâturages & en terres à bleds,*
» *& d'augmenter par-là considérablement le pro-*
» *duit des terres & du travail.*

» On a fait, en Ecosse, depuis 25 à 30
» ans, l'érection de quelques maisons de
» banque, dans quelques Villes considérables
» & même dans quelques Villages ; les effets
» en ont été précisément ce que je viens
» de dire. Les affaires du pays se font presque
» entièrement, sur le papier de ces Compagnies

» qui fert pour tous les achats & les paye-
» mens ; l'argent ne paroît guère, fi ce n'eft
» dans le change d'un billet de banque de
» 20 fchelins , & l'or paroît encore plus
» rarement.

» Mais, quoique la conduite de ces Com-
» pagnies n'ait point été irréprochable, &
» qu'on ait été obligé de la réprimer par
» un Arrêt du Parlement ; il eft évident
» néanmoins, que le pays a retiré un très-
» grand avantage de leur établiffement. J'ai
» entendu dire, que, depuis la première érection
» des Banques à Glafcow , le commerce de
» cette Ville avoit été doublé en 15 ans de
» temps , & que le commerce d'Ecoffe avoit
» plus que quadruplé, depuis la première
» érection qui s'eft faite à Edimbourg de
» deux banques publiques, dont l'une ap-
» pellée Banque d'Ecoffe , fut établie par
» acte du Parlement de 1715 ; & l'autre,
» appellée Banque royale , le fut par une
» Charte royale en 1727 «.

Cet auteur rend enfuite compte des crifes
où fe font trouvées plufieurs fois les banques
d'Ecoffe , & d'Angleterre par une trop grande
émigration de papiers, & des moyens employés par ces Banques , pour fortir de ces

embarras, & il ajoute : » Il n'est point
» douteux, dit-il, que les Banques d'Ecosse
» n'aient payé fort cher leur *imprudence*, &
» leur inattention ; mais la banque d'Angle-
» terre a payé cher, non - seulement son
» *imprudence*, mais encore celle de presque
» toutes les Banques Ecossoises, qui a été
» poussée bien plus loin.

» Au milieu, dit-il, des clameurs qu'excita
» la détresse de ces Banques, il s'en éleva
» une nouvelle pour remédier au mal dont
» on se plaignoit ; mais cette nouvelle Banque
» fut obligée d'arrêter ses opérations, & ne
» se soutint que deux ans.

» La Banque d'Angleterre est la plus grande
» Banque de circulation qu'il y ait en
» Europe.

» La stabilité de cette Banque est égale à
» celle du gouvernement Britannique.

» Il faut que toutes les avances qu'elle a
» faites au public, soient perdues avant que
» ses créanciers perdent rien.

» Toute autre Compagnie de Banque ne
» peut être établie en Angleterre, que par
» acte du Parlement, & ne peut être composée
» de plus de six Associés.

» Elle n'agit pas feulement comme une
» Banque ordinaire, mais comme une grande
» machine de l'Etat, (1) & elle reçoit & paye la
» plus grande partie des annuités dûes aux
» créanciers de l'Etat. Elle fait circuler les
» billets de l'Echiquier, & avance au Gou-
» vernement le montant des taxes annuelles
» fur les terres & fur la drêche, taxes qui,
» fouvent ne font payées que plufieurs années
» après. Dans ces différentes opérations, fes
» engagemens envers le public, peuvent l'avoir
» obligé quelquefois à furcharger fa cotifa-
» tion de papier-monnoie, fans qu'il y ait
» de la faute de fes Directeurs.

» En 1697, les billets de Banque perdirent
» 20 pour cent, & pendant la grande refonte
» de l'argent, à laquelle on procédoit alors,
» la Banque avoit jugé à propos d'interrompre
» le payement de fes billets, ce qui les fit
» néceffairement tomber dans le difcrédit.

---

(1) Tout ce que fait la Banque de Londres, peut
être fait auffi par la Caiffe d'Efcompte : le plan de fa
conftitution nationale eft facile ; je l'avois projetté dès
1787, & remis à un Membre de l'Affemblée des
Notables.

» Dans la Grande-Bretagne, les impôts sur
» la drèche sont régulièrement anticipés tous
» les ans, en vertu d'une clause d'emprunt,
» insérée dans les actes qui les imposent. La
» Banque d'Angleterre avance généralement à
» un intérêt qui, depuis la révolution, a
» varié depuis 8 jusqu'à 3 pour cent les
» sommes pour la levée desquelles ces impôts
» ont été accordées & se paye à fur & mesure
» sur leur produit. S'il y a du *deficit*, *comme*
» *il y en a toujours*, on y pourvoit l'année
» suivante.

» Durant la grande refonte de la monnoie,
» sous le Roi Guillaume, lorsque la Banque
» d'Angleterre jugea à propos d'arrêter ses
» opérations, les billets de l'Echiquier, &
» les tailles sur l'Echiquier, furent vendus
» depuis 25 jusqu'à 60 pour cent de perte.

Enfin l'Auteur du Traité intitulé : *Opinion
d'un Créancier de l'Etat*, dit » les avances de la
» Banque d'Angleterre, faites au Gouverne-
» ment montoient, en 1746, à près de 400 mil-
» lions tournois, c'est-à-dire à une somme
» presque égale au tiers du capital de la dette
» publique, & maintenant, quoiqu'une *pro-*
» *fonde obscurité enveloppe la propriété réelle*
» *de la Banque*, personne ne l'évalue beaucoup

» au-delà des sommes qui lui font dûes par
» le Gouvernement, & qui font converties
» en annuités.

» *La pofition de cette banque eft devenue un*
» *fecret d'Etat , & tout fecret en matière de finance*
» *ne vaut rien.*

» Ce fecret eft enfin devenu l'objet d'une
» grande controverfe, entre les Actionnaires
» & l'Adminiftration de la banque ; les
» Actionnaires leur demandent un tableau de
» l'état de leur propriété, fur lequel les Ad-
» miniftrateurs multiplient chaque jour les
» hypothèfes.

» On s'imagine que la Banque de Londres
» eft à l'abri de tout enlèvement de numé-
» raire qui l'empêcheroit d'acquitter à vue
» fes billets au porteur ; on fe trompe, elle
» a fouvent vu vider fes caiffes par les feules
» combinaifons des changes, & rien ne lui a
» coûté pour les remplir auffi-tôt....

» *Elle payoit en fchelings , & demi-fchelings ,*
» lorfque le Prétendant s'étant approché de
» Londres on fe porta en foule à la Banque
» pour réalifer fes billets «.

§. III.

Origine de la Caisse d'Escompte, ses statuts & ses révolutions.

C'est par Arrêt du Conseil du 24 Mars 1776, rendu sous le ministère de M. Turgot, & c'est d'après les projets de MM. Panchaud & Clonard, le premier Anglois, & l'autre Ecossois, qu'a été créé la Caisse d'Escompte.

Sa mise originaire de fond fut de 15 millions, & réduite ensuite à 12 millions par Arrêts du Conseil des 22 Septembre 1776 & 7 Mars 1779.

Cinq Banquiers & deux Financiers en étoient les Administrateurs.

Malgré les talens de M. Panchaud créateur de cet établissement, & l'un de ses Administrateurs, la Caisse d'Escompte éprouva le sort de tous les nouveaux établissemens, elle fut dans un long état de végétation.

Le premier mouvement de confiance donné aux billets de caisse, est dû aux joueurs de hasard : On créa pour eux des billets qui étoient payables en or.

C'est du mois de Janvier 1777, que date la première création des billets de caisse, & il résulte des registres de la Caisse d'Escompte, que dans la révolution de plus de 15 mois écoulés depuis cette première création de billets, leur circulation n'avoit pu encore atteindre la somme de 800 mille livres.

En Avril 1778, c'est-à-dire plus de deux ans après la création de la Caisse d'Escompte, il restoit encore 1500 actions non vendues, & une partie du prix de celles prises par les Administrateurs, étoit par eux dûe à la Caisse.

C'est dans cet état de végétation que les Maisons de Banque de Paris se réunirent pour donner une nouvelle vie, un nouvel essor à cet établissement, elles levèrent les 1500 actions restées en stagnation dans les coffres de la Caisse, & elles mirent cet établissement sous la direction de treize Administrateurs ; des sept qui en avoient été chargés dans l'origine il n'en existoit plus que cinq : elles firent choix de huit nouveaux qui furent MM. *le Coulteulx du Moley, Tourton, Rilliet, Cottin, Gérardot de Marigny, Vandenyver l'aîné, Pache de Montguyon, & Jean-Louis Julien.*

Telle fut l'influence sur l'opinion publique de l'agrégation des premières Maisons de Banque de Paris à l'Administration de la Caisse d'Escompte, que dans ce même mois d'Avril la circulation des billets s'éleva à 2 millions 114 mille livres.

Le progrès de confiance dans cette nouvelle administration fut successif & rapide; & un an après, 14 millions de billets étoient déjà en circulation : enfin lors de la crise de 1783, l'émigration des billets de Caisse entre les mains du public, s'étoit progressivement élevée à 44 millions.

On voit dans le préambule de l'Arrêt du 7 Mars 1779, que les secours d'Escompte n'avoient, jusqu'à cette époque, monté par semestre, qu'à 33 millions; & les secours d'escompte du premier semestre de l'année 1783, étoient déja de 136 millions 860 mille 28 livres.

C'est un fait reconnu par vous, M. le Comte, qu'en 1783 *la rareté du numéraire se faisoit ressentir dans tout le Royaume, qu'elle étoit plus grande encore chez l'Etranger, & que Paris sembloit l'unique ressource, d'où il en pût tirer.*

C'est un principe incontestable en administration, que plus la disette de numéraire se fait ressentir dans un Royaume : plus

les signes repréfentatifs deviennent alors né-
ceffaires : C'eft auffi une vérité inconteftable
que lorfque le Commerce & la Banque ont
été par un établiffement public accoutumés
à des fecours journaliers, & fréquents d'Efcompte, il feroit impolitique & défaftreux
& pour le commerce, & pour les finances
d'un Royaume d'anéantir fubitement ces mé-
mes fecours.

Les Adminiftrateurs de la Caiffe d'Efcompte
avoient été enhardis par leurs fuccès rapides
dans la confiance publique : Ils avoient
foutenu pendant le fémeftre de 1783, une
émigration de billets qui étoit confidérable en
proportion du numéraire effectif qui étoit
dans leur caiffe(1).

Ils crurent pouvoir fe prêter aux befoins
impérieux, & du commerce & du gouvernement : Ils crurent pouvoir continuer fans
danger, les mêmes fecours d'Efcomptes pendant les fix derniers mois 1783, qu'ils avoient
accordé pendant les fix premiers mois de cette
même année.

---

(1) Elle n'avoit pas réuni un feul jour dans la
Révolution de fix mois, cinq millions d'efpèces.

Mais la difette du numéraire qui augmentoit tous les jours, trahit leurs efpérances, & le numéraire de la Caiffe ayant été enfin fucceffivement réduit à 138 mille liv., les Adminiftrateurs obtinrent l'Arrêt de furféance du 27 Septembre 1783 : Arrêt qui autorifa le Caiffier de la Caiffe d'Efcompte à payer ceux des porteurs de billets de ladite caiffe qui ne voudroient pas les laiffer dans la circulation en bons billets & lettres-de-change fur particuliers en leur bonifiant l'efcompte : Arrêt qui ordonna que les billets continueroient d'avoir cours, & d'être donnés en payement pour comptant, comme par le paffé, dans toutes les Caiffes publiques & particulières pour Paris feulement, jufqu'au premier Janvier 1784 feulement.

Cette fufpenfion de paiement, fut effective, c'eft-à-dire abfolue.

Mais pour la tranquillité publique, le Roi fit conftater, par un Commiffaire du Confeil à ce Député, l'état de l'actif & du paffif de la Caiffe d'Efcompte : le réfultat de cette vérification fut rendu public par Arrêt du Confeil d'Etat du Roi, du 4 Octobre fuivant.

L'Affemblée générale des Actionnaires nom-

ma

ma des Commissaires (1) pris dans ses Membres pour faire pareille vérification & pour suivre les opérations de la Caisse : il résulte du Bilan fait par les Commissaires des Actionnaires à l'époque du 4 Octobre, qu'il existoit dans les mains du Public pour 42 millions 966 mille livres de Billets de Caisse : Mais il résulte aussi de ce même Bilan que l'actif de la Caisse surpassoit le passif de 14 millions 140 mille 475 livres.

Que l'Auteur du Livre intitulé : *Opinions d'un Créancier de l'Etat*, voie dans cette situation de la Caisse, la solution de ce problême par lui proposé.

» Comment, dit-il, l'opération la plus propre » à alarmer sur le sort des Billets de la Caisse » d'Escompte, n'a-t-elle pas frappé sur leur » valeur ? Comment ces Billets sont-ils restés » au pair ? Ils ont été assimilés aux Effets » Royaux par un Arrêt, & cependant ils ne » se sont point ressenti de la chûte que ces » Effets Royaux ont éprouvé.

» Les Effets Royaux sont fort au-dessous

---

(1) Je fus l'un des Commissaires nommés par les Actionnaires ; j'ai conservé mon travail ; je garantis l'exactitude de tous les faits que j'établis.

» du capital , & pourquoi ? si ce n'est à cause
» des craintes de banqueroute. Or qu'est-ce
» qui ressemble mieux à une banqueroute que
» des Billets exigibles dont on défend d'exiger
» le paiement (1) ?

» La Caisse d'Escompte (dit-il enfin) est-
» elle plus solide que le Royaume de France « ?

Quelle demande ! quelle comparaison ! l'actif
actuel de la Caisse excède de 100 millions son
passif ; Quelle est en comparaison de sa
situation la position actuelle des finances du
Royaume ? Et lorsque même l'Assemblée Nationale aura établi un exact équilibre entre
la recette & la dépense , l'exactitude de
paiement des dettes de l'Etat pourra-t-elle
jamais être aussi certaine que l'acquit des
Billets de Caisse ? Combien d'évènemens en
effet peuvent survenir , qui diminueront la
recette , & augmenteront la dépense.

C'est la conviction des moyens réels &

____

(1) Mais la Caisse d'Escompte ne s'est point prévalu des
dispositions de l'Arrêt du 18 Août 1788 : Plus d'une année
s'est écoulée depuis cet Arrêt , & elle n'a pas cessé un seul
instant , le paiement de ses Billets : il est prouvé , par ses registres , qu'il est sorti de sa Caisse depuis cette époque , plus
de *cent vingt millions d'Espèces* en paiement de ses Billets.

effectifs du paiement de la dette qui confti-
tue tout crédit quelconque , & le difcrédit naît de l'incertitude fur ces mêmes
moyens : Or , rappellez-vous , je vous prie
le compte qui a été rendu à la Séance du 16
Septembre, par le Comité des Finances , & par
l'organe de M. le Marquis de Montefquiou ,
& je vous le demande ? Avez vu dans ce
Tableau des Finances de l'Etat des moyens
réels & effectifs de paiement de la dette publique ?

Je m'arrête un inftant fur cette célèbre
Séance ; elle fera à jamais préfente à mon
fouvenir. Jamais aucun élan oratoire auffi
mâle , auffi majeftueux , auffi fublime , auffi
rapide, n'avoit jufqu'alors frappé mes oreilles;
& lorfque vous prîtes en dernière analyfe la
parole , je crus voir , je crus entendre le
Dieu même de l'Eloquence.

L'Auteur des Opinions d'un Créancier de
l'Etat objectera , fans doute ?

Mais l'Affemblée Nationale a , dès le 17
Juin , déclaré , » Quelle mettoit la *dette pu-*
» *blique fous la fauve-garde de l'honneur & de*
» *la loyauté françaife , & qu'après qu'elle auroit*
» FIXÉ LES PRINCIPES (1) DE LA RÉGÉ-

____

(1) Mais ces *Principes* font déja *fixés* , M. Target l'a

» NÉRATION NATIONALE, *elle s'occuperoit*
» *de l'examen & de la consolidation de la*
» *dette* «.

Mais elle a depuis, & le 13 Juillet, déclaré de rechef, » Que la dette publique
» ayant été mise sous la garde de l'honneur
» de la Nation Françoise, & la Nation ayant
» l'intention de payer, NUL POUVOIR n'a-
» voit le droit de prononcer l'infâme mot de
» BANQUEROUTE, SOUS QUELQUE FORME
» ET DÉNOMINATION QUE CE PUT ÊTRE «.

Mais le 27 Août, elle a renouvellé ses
Arrêtés des 17 Juin & 13 Juillet, & déclaré
en conséquence, *qu'en* AUCUN CAS, *& sous*
AUCUN PRÉTEXTE, *il ne pourroit être fait*
AUCUNE RETENUE, *ni réduction quelconque,*
sur AUCUNE *des parties de la dette publique.*

Sans doute, les décrets de cette Assemblée
sont faits pour inspirer la plus grande confiance.

Mais cependant il n'est point de Créanciers
de l'Etat, il n'est point de Capitaliste qui ne

---

prouvé par le résumé qu'il a fait dans la Séance du 27
Septembre, des loix décrétées par l'Assemblée Nationale.

répète ce qu'a dit à cette augufte Affemblée le premier Miniftre des Finances.

» C'eft vous, Meffieurs, c'eft vous, les » Repréfentans de la plus grande Nation, » qui vous êtes expliqués ; *il faut enfin qu'on* » *vous croye :* Mais, pour procurer à vos » paroles le refpect qui leur appartient, il » faut que ces promeffes foient accompagnées » de délibérations, & de difpofitions pro- » pres à démontrer *réellement & pofitivement,* » que par vos foins L'ÉQUILIBRE ENTRE » LES REVENUS ET LES DÉPENSES, SERA » RÉTABLI «.

Cet équilibre fi ardemment defiré n'exifte point encore dans les Finances de l'Etat ; & l'équilibre au contraire de l'actif & du paffif de la Caiffe d'Efcompte, eft parfaitement, & invariablement établi avec même un excé- dent de plus de 100 millions d'actif (1).

Voilà, Monfieur le Comte, la folution du probléme propofé par votre Ami ; je reprend le récit des faits.

C'eft le 27 Septembre 1783, que le paie- ment des Billets de Caiffe a été fufpendu, &

---

(1) A caufe des Bénéfices toujours en Caiffe du femef- tre courant.

à cette époque le Gouvernement devoit six millions à la Caisse d'Escompte, dette garantie par des valeurs du Trésor-Royal.

Le 4 Octobre 1783, le Gouvernement fait un emprunt en Loterie de 24 millions ; il a un plein succès, & le Ministre des Finances fait alors payer, par le Trésor-Royal, les six millions dûs à la Caisse d'Escompte.

Ce paiement, & la diminution successive & journalière des escomptes, avoient réduit dès la fin d'Octobre, à 28 millions 550 mille 800 livres, les 43 millions de Billets qui étoient dans les mains du Public lors de la suspension de paiement.

La diminution des escomptes continuée dans le courant de Novembre, réduisit encore la masse des Billets de Caisse.

La perception des impositions fiscales, pendant la révolution des mois d'Octobre & Novembre, & le succès de l'emprunt de 24 millions, firent enfin disparoître cette disette de numéraire qui s'étoit fait ressentir dans le courant du mois de Septembre.

Ce numéraire s'étoit encore accru par des acquisitions de piastres, faites par la Caisse d'Escompte, pendant les mois d'Octobre &

de Novembre, & par leur fabrication à la Monnoie.

J'obmettois, sur la crise de 1783, une observation importante : il est prouvé, par le procès-verbal de l'état de la Caisse, & par le bilan fait le 2 Octobre 1783, que lors de la suspension de paiement, elle possédoit, tant dans ses coffres, qu'à l'Hôtel de la Monnoie de Paris, pour quatre millions de piastres ; or si le Directeur de la Monnoie de Paris eût pu être plus actif dans la fabrication d'espèces (1), & si les six millions dûs par le Gouvernement eussent été payés en Espèces par le Trésor-Royal, la Caisse d'Escompte ayant dix millions d'Espèces n'auroit pas eu besoin d'Arrêt de surséance, puisqu'il est prouvé par ses registres qu'avec moins de 4 millions de numéraire, elle avoit soutenu pendant une année entière le crédit & le paiement de ses Billets.

Lors de la crise de 1783, les Actionnaires firent une création de mille nouvelles actions, à raison de 3000 liv. chacune, ce qui augmenta de *trois millions* le fond capital de cette Société.

---

(1) La Monnoie de Paris, ne pouvoit alors fabriquer qu'environ 100 mille livres par jour.

C'eſt dans cet état, & le 23 Novembre 1783, que l'Arrêt de ſurſéance du 27 Septembre précédent fut révoqué.

Cette révocation fut immédiatement ſuivie d'un autre emprunt de 100 millions en viager, avec des chances de Loterie, fait par le Gouvernement.

C'eſt avec ces précautions ſucceſſives, & multipliées, que la Caiſſe d'Eſcompte fut rétablie dans l'intégrité de ſes paiemens.

Cette criſe paſſée, les Actionnaires nommèrent des Commiſſaires pour régler à l'avenir le régime de leur Adminiſtration.

Du nombre des Commiſſaires furent M. l'*Evêque* ACTUEL d'*Autun*, & M. *Panchaud:* Les Statuts & règlemens (1) qu'ils propoſèrent furent le fruit de longues & profondes méditations.

En exécution de ces Statuts, cet établiſſement eſt conduit par treize Adminiſtrateurs choiſis par la voie du Scrutin dans les Aſſemblées générales des Actionnaires.

Des treize Adminiſtrateurs, il en ſort quatre tous les ans; & les Actionnaires ne peu-

---

(1) Voir ces Statuts tranſcrits enſuite de cette lettre.

vent, pour remplacer les Adminiſtrateurs for-
tans, faire choix de plus de deux perſonnes du
même état, ou de la même profeſſion : diſpoſition qui a pour objet de faire concourir à
cette Adminiſtration, toutes les Claſſes de Citoyens.

Il y a de droit, dans les mois de Janvier
& de Juillet de chaque année, des Aſſemblées
générales d'Actionnaires, pour entendre le
compte de la geſtion de cet établiſſement, &
fixer le bénéfice du ſemeſtre.

Mais indépendamment de ces Aſſemblées générales qui ſont de droit, les Adminiſtrateurs
peuvent, toutes les fois qu'ils le jugent néceſ-
ſaire, convoquer l'Aſſemblée des Actionnaires.

Neuf Actionnaires, en ſignant une Motion envoyée au Préſident de ſemaine, forcent
l'Adminiſtration de convoquer l'Aſſemblée
générale des Actionnaires : diſpoſition qui
ſoumet cette Adminiſtration à un état perpé-
tuel de ſurveillance.

Aux Aſſemblées générales des mois de Janvier & Juillet, les Actionnaires nomment trois
Commiſſaires dont la miſſion eſt de faire l'examen de la geſtion des Adminiſtrateurs.

L'examen des Commissaires n'est point frivole & illusoire : en voici le précis (1).

Examen & lecture de toutes les délibérations prises pendant le semestre.

Examen de la manutention des divers Bureaux, & des Registres tenus par chacun d'eux, afin de connoître le méchanisme général d'organisation de cet établissement.

Vérification du Registre de dépôts volontaires d'Actions, & compte des Actions déposées.

Vérification des différentes Créations des Billets de Caisse, & de leur anihilation.

Les Commissaires constatent par cet examen préalable les Billets qui sont en circulation, & ensuite ils comptent régulièrement ceux qui sont existants dans la Caisse d'Escompte; ce compte doit faire la balance des Billets de Caisse.

Vérification, & compte du numéraire effectif des différentes Caisses; c'est d'après cette

____

(1) Quoique j'aie rempli plusieurs fois ces fonctions de Commissaires, & singulièrement dans la crise de 1783, dans celle d'Août 1787, & dernièrement au mois de Janvier 1789, il est cependant possible que j'oublie quelques détails.

vérification & celle des Billets de la Caisse: c'est d'après la vérification faite sur les Registres, que les Commissaires jugent si l'article 17 (1) des Statuts a été fidèlement observé pendant le semestre.

Ils examinent si les Règles prescrites pour les comptes courans n'ont point été enfreintes, & ils font la vérification de la Caisse des comptes courants.

Les Commissaires vérifient enfin les effets actifs composans le porte-feuille de la Caisse.

Il existe un registre tenu dans un des Bureaux qui, sous le rapport des effets pris à l'Escompte, présente le tableau de la totalité des engagemens contractés par chaque maison de Banque & de Commerce, soit dans la qualité de tireur, soit dans celle d'accepteur, soit enfin dans celle d'endosseur.

Il existe aussi un Registre qui constate le montant des secours d'Escompte donnés à chaque maison de Banque, & même à chaque particulier.

Le Directeur général en tient enfin un qui constate l'état journalier de la Caisse d'Es-

____

(1) Voir & lire avec attention cet Article 17 des Statuts.

compte, c'eſt-à-dire, de ſon numéraire effectif, de ſes billets en circulation, de ceux étant
à la Caiſſe d'Eſcompte & des effets en porte-
feuille, en un mot, tout ce qui peut conſta-
ter l'actif & le paſſif journalier d'un établiſſement auſſi important.

Tous ces différens Regiſtres ſont ſoumis à
l'examen des Commiſſaires.

C'eſt cet ordre admirable, ordre qui n'a pas
éprouvé depuis 178; un ſeul inſtant de né-
gligence, qui a préſervé la Caiſſe de toute perte
quelconque ſur les effets pris à l'eſcompte.

C'eſt à la ſageſſe de ces Statuts, c'eſt à leur
exacte & ſévère obſervance, qu'eſt dû le progrès de la confiance publique.

C'eſt à ce progrès de confiance qu'eſt dû
l'accroiſſement ſucceſſif des opérations d'Eſcompte.

Les ſecours donnés au Commerce montoient en l'année 1787 à plus de *cinq cent
millions* par an.

Le Miniſtre des Finances augmenta alors par
Arrêt du 18 Février 1787, le fond capital de
cet établiſſement.

Il réſulte en dernière analyſe de cet Arrêt,
la compoſition d'une nouvelle Société d'Actionnaires.

L'ancienne étoit de 5 mille Actions de trois mille livres chacune, & la nouvelle l'a été de 25 mille, de 4 mille livres chacune.

Ainsi le fond capital de l'ancienne Société étoit de quinze millions seulement, & celui de la nouvelle fut porté à CENT MILLIONS, dont TRENTE MILLIONS versés en deniers effectifs dans les coffres de la Caisse, & 70 millions versés au Trésor Royal par forme & à titre de DÉPOT & CAUTIONNE-MENT *des engagemens de la Caisse d'Escompte,* envers LE PUBLIC.

Telles sont & les expressions de l'Arrêt du 18 Février 1787, & de la quittance de finance de soixante-dix millions délivrée en conséquence par le Garde du Trésor-Royal.

C'est lorsque la Caisse d'Escompte venoit d'augmenter de *quatre - vingt - cinq millions* son capital : C'est lorsqu'elle avoit *quarante-cinq millions* de numéraire effectif dans la Caisse : C'est lorsque ce numéraire formoit plus du *tiers* (1) des billets en circulation, qu'à la fin de Juillet 1787, des Porteurs de billets de Caisse accoururent en foule aux

---

(1) C'est la proportion exigée par l'article 17 des Statuts : il est important de lire cet article des Règlements.

portes de cet établissement, & par leur concours jettèrent l'alarme & l'inquiétude dans
l'esprit du Public.

Quelle fut la cause de cette insurrection ?
ce ne fut point le discrédit de la Caisse, ce
ne fut point même celui du Gouvernement ;
il venoit de faire, à la fin du mois de Mai
1787, un emprunt en viager d'environ soixante-
huit millions qui avoit été suivi d'un plein
succès.

En voici la cause qui est étrangère à la
Caisse d'Escompte.

Ce mois de Juillet 1787, est l'époque où
l'Edit du Timbre fut présenté au Parlement,
& son enregistrement refusé. Refus qui occa-
sionna la translation du Parlement à Troyes.

L'insurrection de 1787 eut pour unique cause
cet évènement, & le premier mouvement donné
à l'alarme publique fut si rapide à cette
époque, que dans une très-courte révolution
de quelques jours, trente-trois millions effectifs
de numéraire sortirent de la Caisse d'Escompte
pour le paiement de ses billets.

C'est dans cette position, que le Vendredi
24 Août 1787, les Administrateurs convo-
quèrent l'Assemblée générale des Actionnaires.

Les Commissaires nommés par les Actionnaires, après avoir pris connoissance de l'état

de la Caiffe , furent en députation vers le principal Miniftre , pour lui rendre compte de leur miffion & de l'examen qu'ils avoient fait de la fituation de la Caiffe.

Ils reconnurent dans leurs conférences mi-niftérielles que déja , & fans l'aveu des Admi-niftrateurs , fans celui des Actionnaires, le Gou-vernement avoit conçu le projet de rendre un Arrêt de furféance modelé fur celui de 1783.

Ils rejettèrent ce projet , & déclarèrent que la Caiffe continueroit fes paiemens jufqu'à l'épuifement total de fon numéraire , & qu'à l'inftant même où il feroit épuifé , ils fe pré-fenteroient l'Arrêt du 18 Février 1787 , & la quittance de finance de foixante-dix mil-lons à la main , & qu'ils tiendroient ce dif-cours au Public Porteur des billets de la Caiffe.

» Le numéraire de la Caiffe eft épuifé ,
» mais fes facultés ne le font point. Non-feu-
» lement elle poffède dans fon porte-feuille
» des effets commerçables repréfentatifs de
» tous les billets de Caiffe en circulation , &
» trente millions au-delà , mais même elle
» poffède, & il lui appartient à titre de DÉPOT,
» & pour le CAUTIONNEMENT des billets
» de Caiffe foixante - dix millions qu'elle a
» verfé au Tréfor-Royal «.

[32]

» Refluez donc vers la Caiſſe du Tréſor-
» Royal & notre débitrice & la vôtre, &
» forcez ſes coffres de s'épuiſer comme les
» nôtres l'ont été, pour le paiement des billets
» dont vous êtes porteurs « (1).

C'eſt la conviction du droit d'exigibilité
des ſoixante-dix millions dans le cas d'épui-
ſement du numéraire de la Caiſſe, qui déter-
mina le principal Miniſtre à donner l'ordre aux
Caiſſiers de Finances de faire voiturer des ſacs
d'argent à la Caiſſe d'Eſcompte.

Le retour de la confiance publique dans
les Billets de Caiſſe fut tellement rapide, que les
Commiſſaires nommés le vendredi, 24 Août,
avoient, dès le 28, fini leurs fonctions (2) :
c'eſt à l'égard de cet évènement qu'il étoit
raiſonnable de dire :

» Et ſoudain comme ſi la baguette d'Ar-
» mide eût été entre les mains des Commiſ-
» ſaires des Actionnaires, la Banque de ſe-
» cours renâquit, les eſpèces reparurent, le »

---

(1) Ce droit a été ſans doute un des motifs qui
ont déterminé les deux Arrêts rendus ſous l'Adminiſtration de M. Necker.

(2) *Vide* à la ſuite de cette Lettre, le Diſcours que je
prononçai.

» crédit

» crédit s'élança avec une vigueur nou-
» velle «.

Je passe actuellement à l'époque d'une autre crise qui n'a pas eu une issue aussi prompte.

Vous avez sans doute présent à votre souvenir , M. le Comte , les écarts multipliés du
despotisme ministériel depuis & à compter
de la Séance Royale du mois de Mai 1788,
Séance qui a eu pour objet l'établissement de
la Cour Plénière ; vous avez aussi présent à
votre souvenir le fatal Arrêt du 16 Août 1788,
qui parut être le signal & le précurseur de la
plus désastreuse Banqueroute Nationale.

C'est dans cette circonstance , & le 18 Août
1788 , que M. l'Archevêque de Sens fit rendre , du propre mouvement du Roi , l'Arrêt concernant le paiement des billets de Caisse.

Je vous observe que depuis le mois de
Janvier 1788 , jusques & compris la fin du
mois de Mai suivant , le numéraire effectif
de la Caisse d'Escompte n'avoit jamais été à
la fin de chaque mois au-dessous de qua-
rante-sept millions : Je vous observe que le
numéraire effectif de cette Caisse étoit de
trente-huit millions à la fin du mois de Juin
1788 , qu'à l'époque de l'*Arrêt du 18 Août*
1788 , la Caisse d'Escompte avoit encore , mal-

C

gré tous les troubles & les défordres de cette époque, *dix-neuf millions* de numéraire effectif : Numéraire qui devoit s'élever prochainement à *trente - quatre millions* , par la fabrication de *quinze millions de piaftres* , dont les Adminiftrateurs de la Caiffe avoient fait le marché (1).

Je vous obferve qu'à l'époque du premier Arrêt de prorogation, en date *du* 29 *Décembre* 1788 , le numéraire effectif de la Caiffe étoit *de* 31 *millions* , & qu'à celle du 14 *Juin* 1789 , époque du fecond Arrêt de prorogation , il montoit à 27 *millions*.

Or , je vous demande, Monfieur le Comte? Comment d'après ces faits , d'après cet état du numéraire effectif de la Caiffe aux différentes époques de ces Arrêts , fituation de Caiffe dont je garantis l'exactitude, l'Adminiftration de la Caiffe d'Efcompte peut-elle être accufée d'avoir eu aucune influence quelconque fur les Arrêts des 18 Août 1788 , 29 Décembre 1788 , & 14 Juin 1789.

Mais quels ont été donc , me direz-vous ,

---

(1) Les Adminiftrateurs ont fait plufieurs Marchés de ce genre depuis le 18 Août : & dans ce moment il en exifte un qui doit réalifer auffi *quinze millions* de numéraire avant la fin de l'année.

les motifs qui ont déterminé ces Arrêts ? Ce
seroit aux Ministres à en rendre compte ; voici
ceux que j'ai présumé.

L'Arrêt du 18 Août 1788 a pu être déterminé par deux motifs.

Le premier a été le droit d'exigibilité des 70
millions à l'instant même où le numéraire de
la Caisse seroit épuisé.

Le deuxième a été sans doute la crainte que
la diminution des secours d'Escompte, ne cons-
tituât dans l'embarras M. Lenormant, dont M.
l'Archevêque de Sens avoit pour les besoins de
l'Etat épuisé les facultés, & les ressources de
crédit.

Voici actuellement les motifs présumés, des
Arrêts de prorogation, des 29 Décembre
1788, & 14 Juin 1789.

Vous avez vu, qu'en Août 1787, la translation du Parlement à Troyes, avoit occa-
sionné une insurrection des Porteurs de billets, & cependant la Caisse étoit alors en
plein crédit, & le Gouvernement venoit de
faire un emprunt qui avoit eu un plein succès.

Ainsi il étoit prouvé, par un fait très-récent,
que le mécontentement d'une classe importante de Citoyens de la Capitale, pouvoit
occasionner ces insurrections.

Or l'époque de l'Arrêt du 29 Décembre 1788, est précisément celle du rapport fait par M. Necker au Conseil d'Etat du Roi, pour la représentation à l'Assemblée Nationale de la classe de Citoyens dont vous avez été un des plus zélés défenseurs ; & le résultat de ce rapport, contrarioit, & toute la Magistrature du Royaume qui avoit réclamé les formes de 1614, & la plus grande partie des Citoyens nobles, & ecclésiastiques.

Ainsi ce résultat du Conseil pouvoit opérer contre la Caisse d'Escompte une insurrection bien plus vive & plus longuement soutenue que celle d'Août 1787.

Quant à l'Arrêt du 14 Juin 1789, rapellez-vous, je vous prie, que cette époque étoit la fin & la conclusion des conférences conciliatoires qui n'avoient rien concilié ; & que cette époque étoit celle, où le flambeau de la Discorde étoit prêt à s'allumer entre les Représentans de la Nation : *indè*, *indè*, *&c. pauca intelligenti.*

Comment donc improuver des actes d'Administration que la sagesse, la prudence, la prévoyance, la nécessité, en un mot, ont dicté impérieusement dans des circonstances aussi critiques.

Ces deux Arrêts ont d'ailleurs une cause commune & relative aux besoins de l'Etat, & à l'impossibilité d'y pourvoir par d'autres moyens que par les secours de la Caisse d'Escompte. Cette cause est avouée avec franchise dans les rapports faits par M. Necker à l'Assemblée Nationale, dont je rapporterai ici les expressions.

» La Caisse d'Escompte, auroit, dans d'au-
» tres tems, beaucoup aidé le Trésor-Royal,
» en lui faisant des avances sur l'emprunt que
» vous déterminerez; mais elle a déja SECOURU
» *les Finances* AUTANT *qu'il étoit en son pou-*
» *voir*; & la rareté inouie de l'argent effectif,
» suite inséparable du discrédit, épuisant la
» Caisse, *elle ne peut plus offrir que des ressources*
» *bornées* ».

» La Caisse d'Escompte, *liée au Gouverne-*
» *ment par ses services*, se ressent de l'im-
» pression de tant de malheurs, & ses fonds
» en numéraire effectif, auroient été épuisés
» depuis long-temps, si par toutes les dispo-
» sitions que la nature des circonstances peut
» autoriser, elle ne résistoit pas à l'orage ».

Comment, je vous le demande, Monsieur le Comte, M. Necker auroit-il pu, sans les secours successifs de la Caisse d'Escompte,

subvenir au paiement des arrérages , & intérêts de la dette publique ? Il ne réunit pas à
de rares talens d'Administration , les secrets
jusqu'à présent inconnus de l'Alchimie.

C'est à l'administration de M. Necker , c'est
à la confiance qu'il a inspiré aux Administrateurs de la Caisse d'Escompte , c'est aux secours
successifs de cette Caisse , que sera dûe la ré-
génération du Royaume & celle de ses Finances. Car que seroit devenue votre Assemblée auguste , & le Code de la Constitution
nationale , si la banqueroute annoncée par le
fatal Arrêt du 16 Août s'étoit enfin déclarée ?
Le Royaume auroit été anéanti , & l'Assemblée Nationale auroit été ensevelie sous ses
ruines.

Ah ! combien est déraisonnable , Monsieur
le Comte , la conduite des Citoyens qui
viennent sans besoin réels assaillir & affamer
la Caisse d'Escompte : qu'il seroit à desirer
qu'on pût raisonner leur inquiétude & leur
dire :

Apprenez que cet Etablissement subvient
à vos besoins , en subvenant à ceux de
l'Etat : apprenez que l'Assemblée Nationale
a mis , sous la sauve-garde de l'honneur &
de la loyauté françoise , la dette publique :

vous êtes inquiet à caufe des fecours donnés par la Caiffe d'Efcompte au Gouvernement ; mais jettez les yeux fur la banque de Londres ; fes billets de confiance ont-ils eu un feul inftant de difcrédit à raifon des prêts immenfes faits par cette banque à l'Etat ?

Rappellez - vous le crédit dont ont joui ces célèbres Banquiers de la Cour , *Samuel Bernard* , *Monmartel* & *Laborde* ? Leur crédit s'eft acru à raifon de leurs fervices , c'eft-à-dire des prêts par eux faits au Gouvernement.

Pourquoi donc ce qui a augmenté votre confiance dans les billets des Banquiers de la Cour , feroit par raifon inverfe , l'objet de vos inquiétudes pour les billets de la Caiffe d'Efcompte ?

Je me réfume , M. le Comte : Vous avez vous-même reconnu l'utilité de l'établiffement de la Caiffe d'Efcompte pour l'Agriculture , le Commerce , les Finances de l'Etat & le foulagement du Peuple : Ce même principe d'utilité publique , profeffé par le célèbre *Smith* , eft démontré par l'expérience.

Les Banques d'Ecoffe & de Londres , variables dans les règles de leur Adminiftration , ont à fe reprocher des *imprudences* & l'Admi-

niftration de la Caiffe d'Efcompte, réglée depuis 1783, par des Statuts & Règlements, qui
fixent invariablement fon régime intérieur, &
extérieur (1), n'a aucune imprudence à fe
reprocher.

Les Statuts de la Caiffe d'Efcompte bornent
la circulation de fes billets à la règle propor-
tionnelle du TIERS du numéraire effectif étant
dans fes coffres, & nous ne connoiffons aucune
Loi de précaution prife à cet égard par les
Statuts des Banques d'Ecoffe, & de Londres.

L'Adminiftration de la Banque de Londres
eft myftérieufe, & tout myftère eft deftructif
de la confiance ; l'Adminiftration de la Caiffe
d'Efcompte eft éclairée par le renouvellement
annuel de quatre Adminiftrateurs choifis dans
le fein des Actionnaires, & pris dans les différentes claffes de Citoyens : elle eft furveillée
par les Commiffaires d'Actionnaires, nommés
par chaque femeftre pour examiner la geftion
de fes Adminiftrateurs : l'examen des Commiffaires eft exact & févère. Enfin, neuf
Actionnaires ayant le droit de convoquer
l'Affemblée générale à tout inftant quelconque,

____

(1) Les Règlemens du régime intérieur faits depuis la crife de 1783, font tranfcrits à la fuite de cette
Lettre.

l'Adminiſtration de la Caiſſe eſt dans l'état journalier & inſtantanée de la ſurveillance publique.

Le capital de la Banque de Londres eſt inconnu, & celui de la Caiſſe d'Eſcompte eſt notoirement de 100 millions : & à ces 100 millions, il faut encore ajouter les bénéfices courants du ſemeſtre : ce capital eſt énorme pour la garantie ſeule des évènements du porte-feuille ; car il n'exiſte aucuns billets de Caiſſe dans les mains du public, que l'actif ou le capital de la Caiſſe d'Eſcompte n'en ſoit d'autant augmenté, ſoit par des eſpèces réelles, ſoit par des effets commerçables reçus en échange des billets.

Dans un moment d'embarras, & en 1746, la Banque de Londres, pour fatiguer les Porteurs de billets qui affluoient aux portes de ſa Caiſſe, a payé en ſchellings ou demi-ſchellings, c'eſt-à-dire en numérant des pièces de douze ſols & de vingt-quatre ſols, & la Caiſſe d'Eſcompte, au contraire, a continué ſans interruption ſes payements en ſacs d'écus de 6 livres & de 3 livres.

Enfin les billets de la Caiſſe d'Eſcompte n'ont été, dans aucune époque quelconque, diſcrédités, jamais ils n'ont éprouvés aucune perte ; ceux au contraire de la Banque de Londres ont été discrédités, & ont éprouvés une perte de 20 pour 100.

C'est dans un Gouvernement réglé par un Code National ; c'est sous une Administration des Finances sage, économique, & comptable envers la Nation, que le crédit de la Banque de Londres a fléchi : c'est au contraire dans un Gouvernement jusqu'alors arbitraire : c'est sous des Administrations déréglées & dissipatrices : c'est enfin pendant les désordres & de l'Anarchie, & des Finances du Royaume, dans la circonstance en un mot d'une pénurie trop long-temps prolongée du Trésor-Royal, que la Caisse d'Escompte a soutenu le crédit de ses billets, & donné même des secours au Gouvernement.

En un mot, la marche lente de la confiance publique dans les nouveaux Etablissements, lenteur prouvée par les exemples des Banques d'Ecosse, de Londres, & de la Caisse d'Escompte, suffira sans doute pour déterminer les Représentans de la Nation à adopter le plan proposé par M. Necker, plan qui a pour objet de fonder la *Banque Nationale* sur l'Etablissement de la Caisse d'Escompte.

DISCOURS

*De MM. les Commissaires des Action-
naires de la Caisse d'Escompte, prononcé par M. Ducloz Dufresnoy,
Notaire, l'un d'eux, à l'Assemblée
générale, du 28 Août 1787 (1).*

MM.

La Caisse d'Escompte a été établie par arrêt
du Conseil du 24 Mars 1776, pour aider
le commerce, en facilitant l'escompte des
lettres de change.

Les opérations de cette Caisse consistent :

1°. A escompter des lettres de change &
autres effets commerçables, admis à l'escompte par le choix des Administrateurs.

Mais quatre Administrateurs sont, par chaque semaine, nommés pour examiner les
effets proposés à l'escompte : ces effets n'ex-

---

(1) Comme mon Discours de 1787 est un supplément
au développement de l'Organisation de la Caisse, *je
prie le Public de ne point négliger de le lire.*

cèdent point le terme de *trois mois*, & chaque
effet proposé à l'escompte doit être garanti
de *trois signatures*. L'accroissement successif
du dividende de l'action prouve la sagesse
& la sévérité des Administrateurs dans le
choix des effets escomptés.

Et 2°. à se charger en recette & dépense
des deniers, des particuliers qui desirent avoir
un compte ouvert à la Caisse. Il y a, à cet
égard, une caisse particulière, qui s'appelle
la caisse des *comptes courans*.

Les opérations relatives à ce second objet
ne peuvent qu'être à l'avantage de la Caisse
d'Escompte ; elle n'acquitte aucun engagement
des comptes courans sans en avoir préalablement les fonds, & lorsque nous avons pris
possession de notre commissariat, il y avoit
quatre millions dans la caisse des *comptes
courans* appartenans aux différens comptes
ouverts ; preuve de la juste confiance des particuliers qui connoissent parfaitement les opérations de la Caisse & la solidité, puisque
dans cette circonstance, ils n'ont pas suivi
le torrent de l'alarme publique.

Une des loix fondamentales de cet établissement, c'est que la compagnie des Actionnaires ne peut emprunter *aucune somme à*

intérêt, ni contracter aucun engagement qui ne soit payable à vue.

Des opérations de la Société sont nés, pour la commodité publique & pour l'utilité de l'intérêt des Actionnaires, les billets de caisse; mais il est important de savoir que les Administrateurs ne peuvent en créer ni en augmenter le nombre à leur gré : ces billets ne peuvent sortir de la Caisse d'Escompte qu'autant que la valeur effective en a été versée dans ses coffres, & ils sont dans les mains du public perpétuellement & à chaque instant exigibles, puisqu'ils sont la représentation d'un dépôt d'argent par lui fait à la caisse.

Mais comme pour mériter la confiance entière du public, il ne faut rien lui dissimuler, nous allons lui apprendre le germe de la fixation, par semestre, du dividende de l'Action.

Quoique les billets de caisse soient la représentation d'un dépôt en argent fait à la Caisse d'Escompte, cependant tout le numéraire représentatif des billets de caisse n'existe point dans la caisse : S'il existoit, l'etablissement de la Caisse d'Escompte ne pourroit se soutenir, parce qu'il seroit onéreux aux Actionnaires. En effet, ils seroient alors chargés des frais de la manutention de cet établissement, & des pertes qui pourroient survenir sur les lettres de change escomptées sans aucun profit pour les Actionnaires.

Mais d'ailleurs la Caisse d'Escompte n'auroit pas toute l'extention de l'utilité publique, que sa création a eu pour objet, *la multiplication du numéraire* : celle de l'escompte des lettres de change.

C'est avec la mise faite par les Actionnaires de fonds effectifs en argent, mise de fonds successivement augmentée. C'est aussi avec l'argent remis & déposé par le Public, pour avoir en échange des Billets de la Caisse, que se font journellement les opérations d'escompte des lettres de change ; ensorte que les Actionnaires mettent en activité, non-seulement leur mise effective de fonds, mais même une portion de ceux du Public ; & ces escomptes faits avec les deniers du Public, forment le profit des Actionnaires.

Conséquemment les opérations d'escompte des Lettres de change prennent de l'extention, & par suite, le dividende de l'action augmente en proportion du versement d'argent effectif fait par le Public dans le coffre de la Caisse, en échange de ses billets.

Mais lorsque le Public mesure sa confiance dans les Billets de la Caisse, soit sur la fixation du dividende de l'action, soit sur la hausse ou sur la baisse de l'action dans les négociations qui se font à la Bourse, il est dans l'erreur ; la solidité & la sûreté des Billets de Caisse sont absolument indépendantes & de ces variations, & de tous les évènemens qui peuvent accréditer ou discréditer les Effets Royaux ; c'est ce que la déduction des faits va démontrer jusqu'à l'évidence.

Il importoit à la solidité de cet établissement, de ne point mettre en activité tout son numéraire pour les opérations d'escompte des Lettres de change ; les Billets de la Caisse étant toujours & à chaque instant exigibles, il falloit pourvoir aux moyens de paiemens de ces Billets, d'une manière tellement efficace, que les circonstances de l'Etat, même les plus orageuses, ne pussent point même ébranler ce superbe établissement.

La quotité du numéraire qui doit subsister dans les coffres de la Caisse, proportionnée aux Billets en émigration, c'est-à-dire, étant dans les mains du Public, *n'est point arbitraire :* elle est réglée par les statuts & règlemens arrêtés dans une assemblée générale de Messieurs les Actionnaires, & ces statuts ont été la suite de la révolution de 1783.

Le maintien & l'exécution inviolable de ces
statuts, sont confiés à MM. les Administrateurs.

Cette proportion est qu'il y aura toujours
dans les coffres de cet établissement, un numéraire effectif en louis d'or ou en écus,
montant au *tiers des Billets de Caisse* qui
sont en circulation, c'est-à-dire, dans les
mains du Public, & qu'il ne pourra jamais
être moindre du quart. Cette précaution à
été *non-seulement maintenue très-religieusement*,
mais elle a été même le plus souvent excédée de
beaucoup, & lorsque la méfiance & l'alarme
publique sont venues assaillir votre caisse,
il existoit dans ses coffres QUARANTE-CINQ
MILLIONS, tant en louis d'or qu'en écus :
c'est ce que nous avons vérifié & constaté.

Lorsque, par un acharnement opiniâtre, le
Public alarmé se porte constamment & en
foule à la Caisse, pour exiger le paiement des
Billets, alors ce Public fait nécessairement
cesser ce *sage équilibre*, parce que son im-
pétuosité ne laisse pas assez de tems aux Administrateurs pour faire le recouvrement des
Lettres de change du porte-feuille, destinées
alors à rétablir successivement ce constant
équilibre.

Le souvenir, peut-être trop récent, de la révolution

volution de 1783, réuni aux circonstances actuelles, absolument étrangères à la solidité de la Caisse, a pu être un des germes de l'alarme, qui a excité votre prévoyance.

Mais, si le Public pouvoit raisonner dans son effroi, il se rappelleroit qu'il n'est de la révolution de 1783 qu'une suspension momentanée, & que malgré l'imperfection de cet établissement à cette époque, les Billets de Caisse ont rapidement (1) repris le crédit qui devoit leur appartenir.

Quelle différence cependant, Messieurs, n'existe-t-il pas en faveur de la Caisse d'Escompte, de la comparaison de son état lors de la crise de 1783, avec son état actuel en 1787.

Nous ne croyons pas blesser les Administrateurs qui régissoient alors cette Caisse, en présentant ici ce tableau de comparaison ; cet établissement a eu le sort de tous les établissemens publics, il ne s'est perfectionné qu'avec le tems, & avec les frottemens de l'expérience.

Lors de la crise de 1783, il n'existoit aucune loi stable qui déterminât la proportion de

____

(1) Dans la courte révolution de deux mois.

l'argent effectif , à conferver dans la Caiffe , relativement aux Billets en circulation.

C'eft depuis la révolution de 1783 , que vous avez arrêté ces fages ftatuts & règlemens conftamment maintenus par vos Adminiftrateurs , qui obligent de conferver en numéraire effectif, le tiers du montant des Billets en circulation, & jamais moins du quart.

L'époque de 1783 étoit la fin d'une guerre glorieufe à la nation , mais difpendieufe : elle avoit occafionné une grande exportation d'efpèces dans nos îles , dans l'étranger, & dans les différens ports du Royaume. Le numéraire manquoit , ou du moins étoit infiniment rare dans la métropole du Royaume.

Il eft prouvé par les Regiftres de la Caiffe d'Efcompte , que depuis le mois d'Août 1781 , jufqu'à la fin de Septembre 1783 , elle n'avoit jamais pu réunir en numéraire effectif, plus de *quatre millions* , & trois mois avant la fufpenfion inftantanée des Billets de la Caiffe , elle étoit , quant à l'argent effectif, dans un tel état de pénurie , qu'elle n'avoit jamais pu réalifer plus de *deux millions* d'argent effectif.

Plufieurs années (1) de paix ont ramené , dans la métropole du Royaume, une grande abon-

____

(1) Lors cinq années.

dance de numéraire , & nous pouvons vous
aſſurer, avec vérité, qu'à l'époque où le public s'eſt porté avec affluence à la Caiſſe, il
exiſtoit dans ſes coffres, comme nous l'avons
dit , *quarante - cinq millions* de numéraire
effectif : Nous croyons pouvoir vous aſſurer
auſſi avec confiance que celui exiſtant au-
jourd'hui dans votre Caiſſe (1) , auroit été
ſuffiſant pour réſiſter long-tems à l'alarme
publique , ſi elle eût continuée.

En 1785, les Actionnaires ne préſentoient
pour ſûreté aux Porteurs des Billets de Caiſſe,
qu'un fonds de douze millions au-delà des
valeurs, étant en porte-feuille , correſpondan-
tes aux Billets en circulation, parce que , ſuivant l'Arrêt du 22 Septembre 1776, l'établiſſement de la Caiſſe d'Eſcompte n'étoit compoſé
que de quatre mille actions à 3000 liv. chacune.

Et dans l'état actuel, & ſuivant l'Arrêt du

---

(1) C'étoit 12 millions : réduite à ce numéraire , la
Caiſſe d'Eſcompte a réſiſté alors à l'inquiétude publique : conſéquemment poſſédant en Août & Décembre 1788, & en Juin 1789, un numéraire plus que
double ; numéraire qui devoit être augmenté par les
achats de Piaſtres & leurs fabrications, il eſt évident
que ni l'intérêt, ni la ſituation de la Caiſſe n'ont
déterminé les Arrêts rendus à ces différentes époques.

Conseil, du 28 Février 1787, cette Compagnie est composée de vingt-cinq mille actions, ayant fait un fonds de quatre mille livres chacune ; ce qui forme un capital de *cent millions* au-delà des valeurs en porte-feuille, correspondantes toujours au moins aux Billets de Caisse en circulation.

De ces cent millions, il y en a eu *trente millions* versés en argent effectif dans les coffres de la Caisse d'Escompte, & *soixante-dix millions* és mains de M. Laborde de Mereville, Garde du trésor royal, non à titre de prêt fait au Roi, mais *à titre de dépôt, pour sûreté, gage & nantissement du paiement des billets* de la caisse. Ce sont les expressions mêmes de l'arrêt du 18 Février 1787 : Ainsi, si contre toute probabilité, l'affluence publique des porteurs de Billets de la Caisse, parvenoit un jour à épuiser l'argent effectif de la caisse, il suffiroit de retirer *momentanément* des coffres du Trésor royal, non la totalité, mais une portion de ce dépôt de soixante-dix millions, pour subvenir au paiement total des Billets de Caisse en circulation ; & il résulte de l'arrêt du Conseil, du 18 Février 1787, que ce dépôt est sans cesse réclamable de la part de l'administration, non pour les opérations d'escompte des Lettres de change , mais pour le paiement des billets de Caisse.

Pour graver à jamais dans l'opinion publique la confiance inaltérable que méritent les billets, il suffit de lui présenter l'effet & le résultat de ce gage énorme de la Caisse, relativement à ses engagemens.

On suppose, dans l'hypothèse, *quatre-vingt-dix millions* de Billets de Caisse dans les mains du public.

Alors , dans cette hypothèse , il existeroit encore *trente millons* en louis d'or ou écus dans les coffres de la Caisse; il existeroit aussi dans le porte-feuille de la Caisse pour *quatre-vingt-dix millions* de Lettres de Change escomptées , *triplement garanties par trois signatures* , & dont le choix auroit été fait par *quatre Administrateurs* de semaine : Lettres de change échéant successivement tous les jours pendant une très-courte révolution : il existeroit enfin , à titre de dépôt , au Trésor-Royal, *soixante-dix millions perpétuellement réclamables* par l'administration de la Caisse d'Escompte, pour subvenir au paiement de ses billets.

Ensorte que voilà un gage de *cent quatre-vingt-dix millions* en argent effectif en caisse ou en valeurs exigibles , pour répondre de *quatre-vingt-dix millions* de Billets de Caisse , que nous avons supposés en circulation dans l'hypothèse ci-dessus établie.

Or je vous le demande , Messieurs ? Quelle est la Compagnie de commerce de l'Europe , quelqu'opulente qu'elle soit , quelle est la Puissance souveraine , quelque bien ordonnée que soit l'Administration de ses Finances , qui puisse présenter un gage aussi énorme & aussi assuré de ses engagemens ? La Banque même d'Angleterre , si justement accréditée , nous ne craignons point de le dire , n'offre point , en proportion de ses Billets en émigration , un gage aussi considérable.

Enfin , pour achever l'esquisse du tableau de comparaison que nous avons entrepris.

En 1783 , l'établissement de la Caisse d'Escompte étoit précaire. La Sanction Royale n'étoit point intervenue , pour en assurer la durée , & votre établissement est assuré pour trente ans , par l'Arrêt du 18 Février 1787.

M. l'Archevêque de Toulouse , M. le Contrôleur-Général , & les autres Ministres de Sa Majesté , que nous avons eu l'honneur de voir , nous ont surabondamment assuré de la constante protection du Gouvernement ,

pour le maintien du plus superbe établissement que la Nation Française ait jamais
conçu : sur-le-champ, les ordres ont été
donnés à toutes les caisses publiques, étant
sous les ordres de l'Administration des Finances, de verser en échange de vos billets
de caisse dans les coffres de la Caisse d'Escompte, tout le numéraire que ces caisses
pouvoient avoir, & qui ne seroit pas nécessaire pour leur service journalier.

Tel a été, Messieurs, le premier résultat
heureux de notre mission & de nos démar-
ches, & voici quels en ont été les effets.

L'inquiétude publique s'est calmée, & le
concours des Porteurs de Billets de Caisse,
depuis votre assemblée du 24 de ce mois (1),
est diminué d'une manière très - sensible.
Enfin, l'argent effectif rentré dans notre
Caisse par les ordres & les soins du Gouvernement, & ce qui est plus précieux encore, par l'effet de la confiance publique, est
venu en telle abondance, que vous pouvez
être désormais de la plus grande tranquillité.

____

(1) Et c'est le 28 du même mois que j'ai prononcé
ce Discours : la révolution de l'alarme la plus vive,
& de la plus grande confiance a été l'ouvrage de *quatre jours*.

ARRÊT DU CONSEIL

D'ÉTAT DU ROI,

QUI a homologué le Règlement arrêté dans l'Assemblée générale des Actionnaires de la Caisse d'Escompte, du 14 Juillet dernier.

Du 18 Septembre 1785.

Extrait des Registres du Conseil d'Etat.

SUR ce qui a été représenté au Roi, étant en son Conseil : Que les Actionnaires de la Caisse d'Escompte ont, par délibération prise dans une Assemblée générale, tenue le 14 Juillet dernier, approuvé les articles d'un Règlement général, pour servir de Code unique, relativement à l'administration de ladite Caisse, concurremment avec celui fait pour le régime intérieur ; & que par cette même délibération, lesdits Actionnaires ont arrêté de supplier Sa Majesté d'en ordonner l'exécution. A quoi voulant pourvoir : Oui le rapport du sieur de Calonne, Conseiller ordinaire au Conseil royal, Contrôleur général des finances, SA MAJESTÉ ÉTANT EN SON CONSEIL, a homologué & confirmé, homologue & confirme le Règlement général approuvé en l'Assemblée générale des Actionnaires de la Caisse d'Escompte, tenue le 14 Juillet dernier, & contenant quarante-deux articles ; lequel Règlement sera annexé au présent Arrêt : Veut & ordonne qu'il soit exécuté en tout son contenu, nonobstant les dispositions contraires qui pourroient se trouver dans les Arrêts de son Conseil des 24 Mars 1776, 7 Mars 1779 & 23 Mars 1783, auxquels Sa Majesté a dérogé & déroge en tant que de besoin, & pour ce regard seulement.

FAIT au Conseil d'Etat du Roi, Sa Majesté y étant, tenu à Saint-Cloud le dix-huit Septembre mil sept cent quatre-vingt-cinq. *Signé* LE BARON de BRE-TEUIL.

RÈGLEMENT général servant de Code à l'Administration de la Caisse d'Escompte.

ARTICLE PREMIER.

LES Actionnaires continueront d'être associés en commandite sous la dénomination de *Caisse d'Escompte.*

II.

LE capital de la Caisse sera de quinze millions, à raison de trois mille livres par chacune des cinq mille Actions existantes, sauf les augmentations de ce capital, ordonnées par l'article II du Règlement homologué par l'Arrêt du Conseil, en date du 26 Juin de cette année.

I I I.

Les opérations de la Caisse consisteront :

1°. A escompter des Lettres de change & autres Effets commerçables.

2°. A se charger en recette & en dépense, des deniers, caisses & paiemens des Particuliers qui le desireront, sans pouvoir exiger d'eux aucune commission, rétribution ou retenues quelconques, & sous quelque dénomination que ce puisse être.

I V.

La Compagnie ne pourra, sous quelque prétexte que ce soit, emprunter à intérêts, ni contracter aucun engagement qui ne soit payable à vue : elle ne fera aucun envoi de marchandises, expéditions maritimes, assurances, ni commerce quelconque.

V.

La Caisse d'Escompte sera censée personnelle à tous ceux qui y tiendront leur argent, & elle sera comptable envers chaque Particulier.

V I.

Il continuera d'y avoir un dépôt d'Actions, pour y recevoir, comme par le passé, celles qu'on voudroit y mettre à l'abri de tout accident, & d'où les Propriétaires pourront les retirer toutes les fois qu'ils le voudront.

V I I.

Les opérations de la Caisse d'Escompte seront dirigées par treize Administrateurs qui seront élus à la pluralité des suffrages par l'Assemblée générale des Actionnaires. Pour donner plus facilement accès à l'Administration, à toutes les classes de Citoyens, il ne pourra être choisi plus de six personnes du même état; & l'on sera réputé être encore de l'état, lorsqu'il n'y aura pas deux années révolues qu'on l'aura quitté. L'Assemblée générale sera convoquée, à cet effet, dans les quinze premiers jours de chaque année. Il sera procédé au renouvellement de quatre des treize Administrateurs, & ceux qui seront sortis seront susceptibles d'être élus dès l'année suivante.

V I I I.

Les Administrateurs seront tenus, dans leur gestion, de se conformer à ce qui aura été déterminé par délibération des Assemblées générales. Ils nommeront les Employés, fixeront leurs appointemens, & pourront les révoquer; le tout ainsi qu'ils jugeront convenir pour le bien & l'avantage de la Compagnie. Ils ne pourront accorder à la même personne, en supplément d'appointemens ou en gratifications, une somme qui excède trois mille livres par an. Cette administration continuera d'être gratuite,

I X.

Les Administrateurs ne pourront, dans aucun cas ni sous aucun prétexte, solliciter de nouveaux Arrêts du Conseil, sans en avoir préalablement exposé les motifs & le sujet à une Assemblée générale des Actionnaires, & sans y être expressément autorisés par elle.

X.

CHAQUE Administrateur sera tenu d'avoir au dépôt de la Caisse, quinze Actions à lui appartenantes, qui devront y rester tant qu'il sera Administrateur.

X I.

NUL Administrateur ne pourra retirer ses Actions sans un ordre signé par l'Administration.

X I I.

AUCUN des Administrateurs ne pourra être destitué, si ce n'est par les suffrages des deux tiers des Actionnaires présens dans une Assemblée générale, ou par la voix unanime des douze autres Administrateurs; & en ce cas, il sera délivré par l'Administration, un ordre pour qu'il puisse retirer ses Actions.

X I I I.

TOUT Administrateur qui fera faillite pendant sa gestion, cessera de l'être dès ce moment.

X I V.

IL y aura deux Directeurs permanens, à appointemens fixes, lesquels seront nommés par l'Assemblée générale, sur la présentation des Administrateurs; & pourront être destitués par eux, à la pluralité des trois quarts de voix.

X V.

Ces Directeurs fuivront toutes les opérations de la Caiffe, fous les ordres & infpection des Adminiftrateurs, conformément à ce qui a été prefcrit par le Règlement fait pour le régime intérieur.

X V I.

Les Adminiftrateurs nommeront, chaque femaine, deux d'entr'eux pour furveiller le fervice journalier, & il en fera rendu compte tous les huit jours par les Directeurs à l'Affemblée de l'Adminiftration.

X V I I.

Quoiqu'il soit de l'essence de la Caisse d'Escompte de ne mettre en circulation aucun Billet dont la Caisse n'ait reçu la valeur, soit en argent effectif, soit en Effets pris a l'escompte; (1) que par conféquent le capital ci-deffus énoncé, ne foit repréfentatif d'aucun de fes engagemens, en même-tems qu'il eft refponfable de tout; & qu'ainfi cette maffe de refponfabilité foit plus que fuffifante pour conflater la folidité entière des Billets : cependant pour affurer que la Caiffe fera conflamment en état de fatisfaire à l'obligation étroite de payer fes Billets à la préfentation,

---

(1) Ainfi les Adminiftrateurs n'ont point dans leurs mains le Balancier banal & arbitraire des Billets : la fin de cet article le prouve.

IL Y SERA TOUJOURS GARDÉ UN FONDS SUFFISANT D'ESPÈCES EFFECTIVES, suivant ce qui a été déterminé par le Règlement du régime intérieur, arrêté dans l'Assemblée générale du 27 Janvier 1784, au terme duquel *la proportion ne pourra jamais être moindre du TIERS AU QUART de la somme des Billets en circulation; desquels fonds en Espèces & Billets en circulation, il sera fait tous les huit jours un état signé des Directeurs & Administrateurs, pour être enliassé & représenté à la fin de chaque semestre à l'Assemblée générale.*

X V I I I.

IL ne sera reçu à l'escompte que des Lettres de change & autres Effets commerçables, au choix des Directeurs & Administrateurs chargés de leur examen; & lesdits Effets reconnus bons, participeront avec une juste égalité à la faveur de l'escompte.

X I X.

IL ne sera rien escompté à plus de quatre-vingt-dix jours de terme; le prix de l'escompte ne pourra excéder quatre pour cent pour ce qui ne passera pas l'échéance de trente jours, & de quatre & demi pour cent pour les Effets dont l'échéance sera depuis trente jusqu'à quatre-vingt-dix jours.

X X.

LE Bureau pour les escomptes sera ouvert trois jours par semaine, qui seront les lundis, mercredis & vendredis, à moins d'impossibilité d'y vaquer, pour raison de fête ou d'Assemblée générale : auquel cas il y sera

fuppléé la veille ou le lendemain, fuivant que l'indiquera l'Adminiftration.

X X I.

LORSQU'IL fera queftion de faire une élection,
chaque Actionnaire ayant voix, aura droit feulement
jufqu'à la furveille du jour indiqué pour l'Affemblée
générale, de demander par écrit & fous fignature,
à l'Adminiftration, telle perfonne qu'elle jugera convenable, & la réunion de ces divers vœux fera pré-
fentée à l'Affemblée générale par le corps d'Aminif-
tration, pour qu'elle choififfe dans cette lifte les
Adminiftrateurs qui feroient à nommer.

X X I I.

A chaque élection de nouveaux Adminiftrateurs,
fi neuf des anciens eftiment qu'il ne foit pas convenable de préfenter à l'Affemblée générale, quelques-
uns des Candidats qui leur auroient été indiqués,
ils feront rejetés de la lifte : on en exclura toujours
ceux qui auroient faits faillite.

X X I I I.

LORSQUE par des caufes quelconques, il y aura
deux places d'Adminiftrateurs vacantes, on convoquera une Affemblée générale exprès pour les remplacer,
à moins que ce ne foit un terme moins éloigné de fix
femaines d'une Affemblée générale ; mais dans tous
les cas d'élection, l'annonce des convocations en fera
mention.

X X I V.

POUR fixer le Dividende du femeftre fuivant &
des fuivans, à raifon de cinq mille Actions, on commencera par prélever fur les bénéfices réalifés, c'eft-
à-dire, après la déduction faite des frais & de l'efcompte fur les Lettres du porte-feuille, non rentrées,
dans la forme adoptée par le compte du femeftre de
Janvier 1785, cinq pour cent du capital actuel &
futur des Actions; lequel taux fervira toujours de bafe
pour la fixation des Dividendes. On ajoutera à cette
bafe la moitié de l'excédent des bénéfices; l'autre
moitié fera jointe à la réferve, ainfi que les fractions
qui fe trouveront donner moins de dix livres dans la
moitié à répartir au Dividende.

X X V.

LORSQUE les fonds réfervés fe monteront à trois
millions cinq cents mille livres, il en fera joint deux
millions cinq cents mille livres au capital des Actions,
qui fera alors de trois mille cinq cents livres pour chacune; & toutes les fois qu'enfuite les fonds qui refte-
ront en réferve fe monteront encore à trois millions
cinq cents mille livres, il en fera joint pareillement
deux millions cinq cents mille livres au capital des
Actions qui en conféquence feront de nouveau aug-
mentées de cinq cents livres pour chacune.

X X V I.

DANS le cas où les bénéfices d'un femeftre ne pro-
duiroient pas pour Dividende, cinq pour cent du
capital

capital des Actions, il sera pris sur la réserve de quoi le porter à ce taux.

X X V I I.

On comptera dans les bénéfices d'un semestre, ce qui aura été recouvré pendant le cours d'icelui des créances qui auroient été distraites comme douteuses, les semestres antérieurs.

X X V I I I.

Il y aura de droit deux Assemblées générales par an, l'une dans les quinze premiers jours de Janvier, & l'autre dans les quinze premiers jours de Juillet, à l'effet de délibérer sur tout ce qui intéresse la Compagnie.

1°. Dans celle de Janvier, l'Assemblée recevra le compte qui lui sera présenté par les Administrateurs, conformément au modèle annexé au registre des délibérations.

2°. Elle fera choix de trois Actionnaires, pour examiner & vérifier ledit compte, prendre une connoissance détaillée de toutes les opérations du dernier semestre; constater si elles ont été conformes aux statuts, & vérifier l'état des Caisses.

3°. Elle sera prévenue que l'on procédera, dans la deuxième séance qui aura lieu environ huit jours après, à la nomination aux places d'Administrateurs vacantes.

4°. Elle recevra, dans cette deuxième séance, le compte qui lui sera rendu par les Commissaires nommés dans la première.

5°. Elle procédera, d'après ce compte, à la fixation

E

du Dividende, conformément à l'Arrêt du Conseil, en date du 26 Juin 1785.

6°. Elle procédera à la nomination aux places d'Administrateurs vacantes, suivant les formes prescrites.

7°. Elle indiquera le terme dans lequel seront tenus de déposer les Actionnaires qui voudront avoir entrée dans l'Assemblée du semestre suivant.

Ce qui vient d'être prescrit pour l'Assemblée de Janvier, aura lieu pour l'Assemblée de Juillet, excepté pour les articles qui concernent l'élection des Administrateurs, à moins qu'il n'y ait lieu par les circonstances.

X X I X.

POUR avoir entrée & voix délibérative dans les Assemblées générales, il faudra être propriétaire de quinze Actions au moins, & les avoir déposées d'avance pendant six mois consécutifs.

X X X.

NUL Actionnaire ne pourra donner sa voix, s'il n'est présent à l'Assemblée ; mais tout Actionnaire présent, propriétaire de quinze Actions qu'il aura déposées, comme il est dit à l'article ci-dessus, aura voix. Il en aura deux s'il a déposé trente Actions ; trois s'il en a déposé soixante ; quatre s'il en a déposé quatre-vingt-dix, sans qu'il puisse en avoir davantage quel que soit le nombre de ses Actions, & sans que cette facilité s'étende à d'autres cas que ceux où les voix se donnent par scrutin : ce qui aura lieu pour toutes les élections, & ne pourra être re-

fusé dans les autres questions, lorsque douze Actionnaires présens le demanderont.

X X X I.

DANS tous les objets de discussion qui auront un
rapport direct ou indirect avec l'Administration, on
ira aux voix par le scrutin, soit qu'il soit demandé
ou non. Les Administrateurs ne pourront dans ce cas,
ni dans aucun autre, perdre leurs droits d'Actionnaires & les voix qu'ils auront en cette qualité.

X X X I I.

NEUF Actionnaires ayant voix, pourront demander,
par un écrit signé d'eux, motivé & adressé aux Administrateurs, une Assemblée générale aux Actionnaires; & cette Assemblée extraordinaire sera convoquée
pour avoir lieu dans dix jours après celui de la demande.

Les Administrateurs auront le droit de convoquer
une Assemblée générale chaque fois qu'ils le jugeront
nécessaire.

X X X I I I.

DANS chaque Assemblée générale, le Président
de l'Administration commencera par rendre compte;
il fera l'appel des Actionnaires qui ont droit d'entrée,
en suivant l'état des déposans, lequel sera dressé
d'après la reconnoissance délivrée par le Directeur.

On mettra ensuite en délibération chacun des objets
à traiter, suivant l'ordre dans lequel ils auront été
présentés.

Avant d'aller aux voix, il sera fait un tour d'opinion, suivant l'état d'appel préalablement fait des Actionnaires; & cet ordre ne pourra être interrompu. En cas de contravention, le Président rappellera à l'ordre.

X X X I V.

Si l'Assemblée a été convoquée par neuf Actionnaires, le Président commencera par faire la lecture de l'écrit motivé, envoyé par eux à l'Administration, à l'effet de convoquer l'Assemblée, ainsi que des objets sur lesquels les neuf Actionnaires désirent qu'il soit délibéré.

X X X V.

Sur chacun des objets mis en délibération par le Président ou par les Commissaires, tout Actionnaire présent à l'Assemblée aura droit de faire telle proposition ou réquisition particulière qu'il jugera à propos; mais il faudra qu'elle soit analogue au sujet, & il sera tenu de la rédiger par écrit, & de la remettre ainsi signée de lui au Président, lequel en fera la lecture à l'Assemblée; il en sera délibéré sur-le-champ si elle est admise sans contradiction : dans ce cas, celui qui en sera l'auteur sera appellé pour opiner le premier; mais lorsque l'on prendra les voix, il la donnera à son tour.

X X X V I.

Quand tous les objets proposés par le Président ou les Commissaires, auront été mis en délibération

& terminés, tout Actionnaire aura le droit de
faire telle nouvelle proposition & réquisition qu'il
jugera à propos, sur quelqu'objet que ce soit; &
ce, conformément à ce qui vient d'être prescrit
par l'article précédent qui sera aussi exécuté dans tout
son contenu.

X X X V I I.

SI quelqu'un trouve que les propositions & réqui-
sitions particulières qui pourroient être faites aux ter-
mes des deux articles précédens, ne doivent pas être
admises, il en sera délibéré sur-le-champ; &, après
avoir fait un tour d'opinion, dans lequel le propo-
sant sera le premier opinant, il sera décidé à la pluralité des voix si elle doit être discutée.

X X X V I I I.

IL est expressément défendu à tout Actionnaire de
s'écarter, tant dans les propositions qu'il pourroit faire,
que dans la discussion de son opinion, des loix de
décence qui doivent régir l'Assemblée; & si quelqu'Actionnaire se trouve inculpé à cet égard, il en sera
délibéré sur-le-champ par la voie du scrutin & à la
pluralité des trois-quarts de voix : il sera dressé procès-verbal du tout, & rendu compte au Ministre,
pour être par lui ordonné ce qu'il appartiendra.

X X X I X.

ON inscrira sur les regiftres des délibérations,
toutes les propositions faites & traitées en l'Assemblée,
sans y inscrire le détail de leurs motifs; on mettra

après chacune le résultat de sa délibération, dont elles auront été suivies, & les feuilles sur lesquelles elles sont écrites & détaillées, seront enliassées pour rester au secrétariat de la Caisse, après avoir été visées par le Président de l'Assemblée, conjointement avec un Administrateur.

Si un Actionnaire requiert qu'il soit fait registre de son opinion & de ses motifs, il sera tenu de les mettre par écrit ; on les joindra aussi à la liasse des propositions, après en avoir fait une mention succincte sur le registre des délibérations.

X L.

L'ASSEMBLÉE générale ne pourra se dissoudre avant qu'on ait mis en délibération, décidé toutes les propositions qui auront été annoncées au commencement par le Président, & il y sera procédé à quelque nombre que se trouvent les votans ; mais nulle proposition nouvelle ne pourra avoir lieu, sans le consentement de l'Assemblée, après deux heures & demie le matin, & après huit heures & demie le soir.

X L I.

IL sera accordé, par forme de droit de présence, deux jetons à tout Actionnaire autres que les Administrateurs, qui constatera sa présence en l'Assemblée générale, par sa signature au pied de la délibération de l'Assemblée ; laquelle signature ne pourra être reçue après la dissolution de l'Assemblée ; &, pour cet effet, le Président la clorra par la sienne, en constatant le nombre des Actionnaires qui auront signé.

X L I I.

LES difpofitions du préfent Règlement ne pourront être changées en aucun point , que par délibération de l'Affemblée générale des Actionnaires , prife à la pluralité des trois-quarts de voix.

Sa Majefté fera fuppliée de les agréer & approuver par Arrêt de fon Confeil , qui déroge fpécialement & en entier à ceux des 24 Mars 1776 , 7 Mars 1779 & 23 Mars 1783.

VU & approuvé au Confeil d'Etat du Roi , Sa Majefté y étant , à Saint-Cloud , le dix-huit Septembre mil fept cent quatre-vingt-cinq. *Signé* LE BARON DE BRETEUIL.

STATUTS du Régime intérieur, arrêté par l'Assemblée générale des Actionnaires, le vingt-sept Janvier mil sept cent quatre-vingt-quatre, d'après le projet présenté par les Commissaires, & les changemens que l'Assemblée a jugé à propos d'y faire.

Messieurs,

Le Comité, chargé de la rédaction d'un Plan de Règlement pour le Régime intérieur de la Caisse d'Escompte, s'est occupé de connoître en détail ce qui s'est pratiqué jusqu'ici à cet égard, avec le dessein de conserver ce que l'expérience avoit démontré être utile, corriger ce qui paroîtroit défectueux, & suppléer à ce qui seroit insuffisant.

Il ne distinguera point entre ce qui étoit déja, & ce qu'il propose pour l'avenir : le travail qu'il vous offre est le résultat de ses opinions, après plusieurs discussions contradictoires avec vos Administrateurs, & après avoir entendu vos principaux Employés.

Sur le fond des Articles essentiels à la véritable prospérité de la compagnie, la discussion a bientôt réuni tous les avis ; mais dans les détails d'exécution,

différens procédés peuvent conduire au même but.
Le raisonnement seul ne donne pas toujours dans ces
matières des résultats incontestables ; la leçon journalière de l'expérience, & l'habitude continuelle des
opérations méritent d'être particulièrement consultées ;
& il a paru à votre Comité que le Corps d'Administration, occupé de la conduite journalière de vos
affaires, seroit plus à portée d'atteindre à la perfection dans ces détails, que ne l'est un Comité isolé,
qui ne peut agir, pour ainsi dire, que spéculativement
dans ces matières, & à qui il manque nécessairement
des connoissances locales & matérielles, qui sont re-
quises dans la manutention habituelle d'un Établissement qui exige à la fois autant d'ordre & autant d'activité que la Caisse d'Escompte.

D'après ces considérations, le Comité a pensé qu'il
devoit plutôt s'occuper à établir des principes, qu'à
prescrire des procédés ; à constater ce que les Actionnaires vouloient, plutôt qu'à définir comment ils le
vouloient.

Votre Comité a donc estimé qu'il devoit borner
son travail à des principes généraux sur chacun des
principaux objets soumis à la surveillance des Administrateurs, & à des institutions particulières sur quelques points très-importans ; ils vont être traités dans
les Chapitres suivans ; nous pensons que le reste peut
& doit être abandonné à la discrétion & à l'expérience
de l'Administration, dépositaire de la confiance des
Actionnaires.

Si même il se présentoit, dans l'exécution de quelques-uns de ces Statuts, des inconvéniens ou des dif-
ficultés, que nous n'avons pas prévus, vos Adminis-

trateurs ne doivent point oublier, qu'en convoquant une Assemblée générale, ils pourront, sous son autorité, faire les changemens qui paroîtront convenables; & cette facilité même sera un nouveau garant pour vous de l'exactitude avec laquelle on observera les règles que votre approbation aura consacrées.

Il seroit superflu de dire, que cette précision ne regarde que les articles d'une certaine importance: vous n'avez point entendu lier vos Administrateurs dans les détails minutieux nécessairement indifférens en eux-mêmes.

CHAPITRE PREMIER.

Des Administrateurs.

ARTICLE PREMIER.

L'ARTICLE huit des Statuts & Règlemens donne une définition générale des droits des Administrateurs. Ce sont les véritables garans de l'affaire : ils doivent se regarder comme fondés de la procuration des Actionnaires, & autorisés à lier la Compagnie, excepté dans les cas qui exigent le concours de l'Assemblée générale des Actionnaires, ou une autorisation spéciale du Gouvernement ; mais ils ne pourront, dans aucun cas, ni sous aucun prétexte, solliciter de nouveaux arrêts du Conseil, sans en avoir préalablement exposé les motifs & le sujet à une Assemblée générale des Actionnaires, & sans y être expressément autorisés par elle : & à moins d'une semblable autorisation, le commerce des matières n'aura plus lieu à l'avenir.

A R T. I I.

Tout doit se décider entre les Administrateurs à la pluralité des voix, mais après une ample & libre discussion, il faut que chaque membre ait le droit de motiver, d'inscrire & de signer son avis & ses propositions, & cela indifféremment, soit qu'on les ait approuvés ou rejettés.

A R T. I I I.

A cet effet il sera tenu deux Registres, dont l'un, nommé Journal des Assemblées d'Administration, contiendra les noms des Administrateurs présens à chaque Assemblée ; toute proposition sur laquelle on voudra prendre les voix, y sera inscrite avant d'aller aux voix, & chaque Membre aura la liberté de faire insérer son avis détaillé, s'il le juge à propos, moyennant qu'il le signe, & ce journal devra faire mention du nombre des voix, & des noms des votans, pour & contre, sur chaque proposition mise en délibération.

Le second Registre sera intitulé, Décisions de l'Administration, & contiendra seulement les décisions qui auront passées, & devront être exécutées.

A R T. I V.

Lorsque, par des causes quelconques, il y aura deux places d'Administrateurs vacantes, on convoquera une Assemblée générale exprès pour les remplacer, à moins que ce ne soit à un terme moins éloigné que six semaines d'une Assemblée générale ; mais dans tous les cas d'élections, l'annonce de convocation doit en faire mention.

Art. V.

A chaque élection de nouveaux Administrateurs, si neuf des anciens estiment qu'il ne seroit pas convenable de présenter à l'Assemblée générale quelques-uns des Candidats qui leur auroient été indiqués, ils auront la liberté.

Art. VI.

Les Administrateurs ne pouvant, dans aucun cas, perdre leurs droits d'Actionnaires, il est spécialement entendu qu'ils jouiront constamment du nombre des voix proportionné au nombre d'Actions dont ils seront Propriétaires, conformément à l'Article XIV des Statuts, & dans tous les objets de discussion qui auront un rapport direct ou indirect avec l'Administration, on ira aux voix par le scrutin, soit qu'il soit demandé ou non.

Art. VII.

L'Assemblée générale des Actionnaires ne pouvant, par la nature de cet Etablissement, accorder aucune pension, il ne sera permis à l'Administration de donner à la même personne, en supplément d'appointement, ou en gratification, qu'une somme qui ne doit jamais excéder trois mille livres par an; l'Assemblée se réservant d'accorder des gratifications plus fortes.

CHAPITRE II.

Des Assemblées d'Administration.

ARTICLE PREMIER.

L'ARTICLE XI des Statuts a décidé qu'il se tiendroit une Assemblée d'Administration par semaine ; cela doit s'entendre indépendamment de toute Assemblée de Comité particulier : & ces Comités particuliers, composés de trois Membres au moins, qui devront s'occuper plus particulièrement des objets destinés, dont ils seront séparément chargés, devront tous rapporter leur travail à l'Assemblée de semaine, & avoir la sanction de celle-ci avant que les délibérations des Comités puissent être réputées exécutoires.

ART. II*.

C'est dans ces Assemblées qu'on nommera le Président de chaque mois, & les deux Administrateurs de semaine, pour le service de l'escompte : de manière toutefois que chaque Administrateur passe à son tour à ces deux genres de services, & qu'il soit pourvu à l'avance au remplacement de ceux qui, pour des causes

---

* Par délibération d'Administration, du 16 Mars 1787, on a arrêté provisoirement, que les deux Administrateurs de la semaine précédente se joindroient aux deux Administrateurs de semaine, pour faire l'escompte ; mais cet arrêté n'a point été porté à l'Assemblée générale des Actionnaires.

quelconques, ne pourroient point affifter à l'exécution
des fonctions dont ils feroient fpécialement chargés,
lequel remplacement fe fera à l'amiable parmi les Adminiftrateurs.

A R T. I I I.

Ce fera l'Affemblée d'Adminiftration qui fixera
chaque femaine la fomme à deftiner à l'efcompte pour
la huitaine fuivante ; elle pourra accompagner cette
fixation de telles conditions, reftrictions, exclufions,
& inftructions, qu'elle jugera convenables, auxquelles
les Adminiftrateurs de femaine feront tenus de fe
conformer.

Pour parvenir à la fixation de la fomme à deftiner
à l'efcompte, il fera mis fous les yeux de l'Adminiftration, à chaque Affemblée, fans faute, un Etat
exact du montant des Billets en circulation, du folde
réellement dû aux comptes courans, des efpèces en
caiffe, & de la recette à faire dans la huitaine en effets
du porté-feuille pris à l'efcompte. Ces Etats feront
fucceffivement rapprochés en Tableaux, de manière à
préfenter l'état progreffif de l'affaire, & ce fera d'après
l'examen réfléchi & détaillé de ce Tableau, que les
Adminiftrateurs détermineront, à la pluralité des fuf-
frages, la fomme à donner à l'efcompte ; & le détail
de cette opération fera néceffairement partie du Journal d'Affemblée de l'Adminiftration.

CHAPITRE III.

Des Directeurs.

ARTICLE PREMIER.

Il y aura déformais deux Directeurs ; favoir, le Caiffier général, ayant le titre de Directeur des Caiffes, qui fera chargé de la furveillance générale des Caiffes & des Billets, & particulièrement de la vérification de la rentrée, invalidation, brûlement & comptabilité des Billets de Caiffe, à l'anéantiffement defquels il ne procédera néanmoins qu'en préfence des Adminiftrateurs du Comité. Le deuxième Directeur fera fpécialement chargé de la furveillance & de la comptabilité des comptes courans, des dépots d'actions, &, en général, il veillera à ce que les livres & écritures de tout genre foient convenablement tenus en bon ordre, & conftamment à jour.

ART. II.

Chaque Directeur aura entrée & féance dans le Comité particulier qui fera fpécialement occupé de l'objet dont ce Directeur fera chargé ; c'eft lui qui rédigera les délibérations du Comité, & qui en fera le rapport par écrit à l'Affemblée d'adminiftration, defquels rapports il fera gardé minute.

Art. III.

Les deux Directeurs seront chargés de la garde du Porte-feuille, contenant les Lettres de change, & autres valeurs prises à l'escompte ; & en cas d'absence, la clef du Directeur absent sera remise au Secrétaire, ou à telle autre personne que les Administrateurs jugeront convenable.

Art. IV.

Le Directeur des Livres assistera à la prise du papier à l'escompte, & sera chargé de former ou faire former, de tous les effets ainsi pris à l'escompte, des États ou Registres, à l'inspection desquels on puisse aisément reconnoître la quantité d'engagemens payable par chaque maison, ainsi que la quantité d'effets escomptés à chaque maison. Ces États devant contenir le nom du Tireur, de l'Accepteur, & du dernier Endosseur de chaque effet ; & l'indication précise de son échéance. Ce Registre sera réputé secret, & ne pourra être ouvert qu'à la réquisition de deux Administrateurs de semaine, ou de quatre Administrateurs, en Assemblée d'administration seulement.

Art. V.

Indépendamment des objets de travail qui viennent d'être indiqués à chaque Directeur, ils doivent se regarder comme spécialement chargés de veiller à l'exécution de toutes les décisions des Comités, & subordonnés en tout aux délibérations des Assemblées d'Administration.

CHAPITRE IV.

CHAPITRE IV.

Du Contrôleur.

ARTICLE PREMIER.

Il sera en outre établi un Contrôleur des Caisses; & en conséquence, la garantie actuelle du Caissier général lui sera rendue, & n'aura plus lieu désormais

ART. II.

Les fonctions du Contrôleur seront de faire tous les jours la visite & inspection des Caisses; de vérifier & de signer le *Visa* des Bordereaux qui seront remis au Directeur des Caisses : il sera en outre autorisé, toutes les fois qu'il le jugera à propos, ou quand un Administrateur le demandera, de faire une vérification exacte & physique desdites Caisses : elle se fera en présence d'un Administrateur & du Directeur des Caisses, & pour s'y préparer, le Contrôleur aura la liberté de fermer telle Caisse qu'il voudra : ce qui aura lieu au moins une fois par mois.

ART. III.

Le Contrôleur sera aussi particulièrement attaché à la surveillance de tout ce qui concerne la fabrication, contrôle, sortie & rentrée des billets, & chargé de tout autre travail que l'Administration jugera convenable de lui confier.

CHAPITRE V.

Du Secrétaire.

ARTICLE PREMIER. *

LE Secrétaire aura sous sa garde le Registre du procès-verbal des Assemblées générales, & ceux des délibérations & consultations des Assemblées d'Administration.

ART. II.

Il écrira, lorsqu'il en sera requis, sous la dictée de chaque Administrateur, l'avis particulier qu'on voudra faire motiver sur le livre des consultations.

ART. III.

Il aura de plus, sous sa garde, tous les arrêts, titres, mémoires, lettres & autres papiers de cette nature, relatif à la Caisse d'Escompte.

ART. IV.

Il aura soin que les Bureaux soient convenablement fournis de registres, papiers, encre, plumes, &c. & traitera pour cet effet avec le Papetier de la Caisse.

---

* Cette place a été supprimée par délibération de l'Assemblée générale des Actionnaires, du 17 Janvier 1786, & par une antérieure de l'Administration, du 6 Octobre 1787 ; les fonctions de cette place ont été attribuées à M. Vincens alors Contrôleur, nommé depuis Directeur, & qui en est resté chargé.

A R T. V.

Il sera chargé de faire avertir tous les Membres de l'Administration pour leurs Assemblées extraordinaires, ainsi que pour celles des Comités convenus.

A R T. V I.

Il sera aussi chargé de rédiger & faire imprimer toutes les annonces & affiches, & généralement tous les imprimés quelconques que l'Administration aura statué de publier.

A R T. V I I.

Le Secrétaire sera spécialement chargé d'assister en personne à tout le procédé d'impression des billets de Caisse, & de la vérification des quantités & sommes ainsi imprimées.

A R T. V I I I.

Il sera en outre chargé de la garde des différentes clefs dont il sera parlé ci-après ; & il pourra recevoir celles de tout Administrateur ou Directeur qui seroit forcément absent, lorsque sa clef seroit nécessaire, de manière cependant à ce que toutes les clefs d'une même caisse ne se trouvent pas dans une même main ; à l'effet de quoi un Directeur, & à son défaut un principal Employé pourra remplacer le Secrétaire.

CHAPITRE VI.

De l'Escompte.

ARTICLE PREMIER.

LES Administrateurs de semaine feront le choix du papier qui sera présenté à l'Escompte ; & le Caissier n'en pourra payer validement le montant que sur le vu du bordereau paraphé par les Administrateurs de semaine.

ART. II.

Il suffira qu'un seul Administrateur de semaine refuse de parapher un bordereau quelconque, pour qu'il soit rejetté de plein droit ; & tout appel à l'Administration sur un rejet quelconque, est, par le présent Règlement, déclaré absolument non-recevable.

ART. III.

Il ne sera pris à l'escompte aucun effet qui ne soit revêtu de deux bonnes signatures au moins, & qu'il ne soit présenté à l'escompte par le dernier endosseur directement ; & cette condition nécessitera que chaque personne qui présentera du papier à l'escompte, soit tenue de signer un Bordereau des effets ainsi présentés ; mais tous les effets réputés bons & solides seront admis indifféremment à l'escompte, soit qu'ils soient présentés par les personnes qui les auront reçus directement du dehors, soit qu'ils aient déja passé par plusieurs mains à Paris.

Art. IV.

Il ne fera rien pris à l'efcompte pour le Public à moins de 15 jours d'échéance ; mais ceux qui tiendront leurs comptes courans à la Caiffe, feront exceptés de cette règle.

Art. V.

L'avantage permanent de la Caiffe d'Efcompte ne pouvant réfulter que de fon utilité plus générale, les Adminiftrateurs de femaine reprendront l'efcompte fans acception de perfonnes, mais de manière cependant à donner la préférence à ceux qui tiennent leurs comptes courans à la Caiffe ; & dans les temps où l'on fera obligé de refferrer l'efcompte, on préférera communément les petites parties aux groffes, & les parties moins longues à celles qui le feroient davantage.

Art. VI.

La fomme à deftiner chaque femaine à l'efcompte, & les conditions qui doivent l'accompagner devant être fixées par l'Affemblée d'Adminiftration, les Adminif-trateurs de femaine ne pourront pas s'en écarter ; mais dès qu'ils s'appercevront que l'argent en caiffe fera tombé au-deffous du tiers du montant total des enga-gemens, tant par billets de Caiffe que par foldes dûs aux comptes courans, ils diminueront fenfiblement l'ef-compte, & le feront ceffer tout-à-fait quand la propor-tion fera tombée au quart, & ce nonobftant les fixations ou réferves quelconques qui pourroient leur avoir été données par l'Affemblée d'Adminiftration.

F 3

A r t. VII.

Les prêts permanens étant une des causes les plus ordinaires des embarras des Banques, il ne s'en fera point de ce genre.

A r t. VIII.

Le capital des actions étant la caution naturelle de nos engagemens, il ne sera point fait de nouveaux prêts sur les dépôts d'actions; & de ceux déja faits, aucun ne sera renouvellé à des époques postérieures au 30 Juin prochain; les autres prêts qui peuvent avoir été faits sur le dépôt d'autres effets publics de toute nature, rentreront d'ici à la même époque, & il n'en sera fait de semblable à l'avenir qu'après des principes & sous des formes que les Actionnaires auront approuvés dans une Assemblée générale.

CHAPITRE VII.

Des Caisses.

A r t i c l e P r e m i e r.

Les Administrateurs formeront un Comité des Caisses, &, sur son rapport, ils en fixeront le nombre, & en prescriront la marche & la manutention.

A r t. II.

Tous les Caissiers recevront des ordres du Directeur des Caisses, lui rendront compte journellement de leurs opérations quelconques, & seront en tout assujettis à la surveillance & vérification qu'il jugera à propos de faire ou de prescrire.

Art. III.

Il y aura, à dater du 15 Mars prochain, une Caisse particulière à trois clefs, dont deux seront gardées par les deux Directeurs, & l'autre par l'Administrateur-Président du mois : dans cette Caisse, on déposera un nombre de millions en espèces, égal au moins à la cinquième partie de la somme des engagemens de la Caisse ; on y ajoutera un nouveau million chaque fois que les engagemens se seront augmentés de cinq millions, & l'on n'aura recours à ce fonds de réserve, que lorsque les besoins des autres Caisses, ou une diminution sensible dans la somme des engagemens, le rendra nécessaire.

CHAPITRE VIII.

Des Billets de Caisse.

Après avoir entendu le Chapitre des billets de Caisse tel qu'il a été présenté dans le travail du Comité, & après lecture du projet d'un Chapitre de Billets présenté par M. Rilliet, un autre par M. Delessert, & avoir discuté long-temps les avantages & les inconvéniens de chacun de ces systêmes, il a été décidé que le tout seroit référé à l'Administration pour en être rendu compte avec l'avis des Administrateurs à l'Assemblée générale de Juillet prochain au plus tard, & y être alors statué.

Qu'en attendant, il ne seroit rien changé à la forme

des billets actuels ni à leur signature, mais que la seule instruction à donner pour le moment, sera de ne créer à-la-fois que la moindre quantité compatible avec la célérité nécessaire au service, & de les partager de manière à éviter le plus possible leur réunion en trop grande masse pour éviter les risques de tout genre.

A l'effet de quoi il n'y en aura jamais plus de dix millions à-la-fois au-delà de la somme réellement dans le Public, & partagée autant que faire se pourra de la manière suivante. Deux millions dans les mains des Caissiers, trois en la caisse séparée des Directeurs & Contrôleur, & cinq dans la caisse de l'Administration, & les billets ne seront plus que de mille livres, & six cents livres en caractères noirs, & de trois cents & de deux cents livres en caractères rouges (*).

CHAPITRE IX.

Des Comptes courans.

ARTICLE PREMIER.

LES Administrateurs auront soin d'établir, à l'égard des comptes courans, un ordre d'écritures & de comptabilité, qui ne permettent point que les particuliers soient crédités, qu'après que les fonds seront réellement rentrés.

(*) Il a été dérogé à cet Article par délibération générale des Actionnaires du 11 Juillet 1787, par laquelle il a été décidé de porter à 20 millions le montant des billets qui pourront exister à la Caisse au-delà de ceux en circulation.

ART. II.

A cet effet le montant des objets à recevoir, donnés par les particuliers pour être portés à leurs comptes courans, ne feront à leur difpofition que le lendemain de leur rentrée ; mais ils pourront difpofer, dès le jour même, des fonds qu'ils auront envoyés en efpèces & en billets de Caiffe.

ART. III.

Les comptes courans feront débités à l'inftant même de chaque paiement qui fe fera à leur charge : on évitera foigneufement de faire des avances quelconques ; & les engagemens payables à la Caiffe d'Efcompte, ne feront jamais acquittés avant le jour même de leur échéance.

Pourront cependant les effets échéant un jour quelconque, & acceptés payables à la Caiffe d'Efcompte, fervir de fonds pour des engagemens échéant le même jour, pourvu que les fonds de ces Lettres de change aient déja été faits aux comptes courans.

ART. IV.

Les comptes courans feront additionnés tous les foirs, de manière à fournir au Directeur des comptes courans le réfultat des foldes.

ART. V.

Le Directeur ayant le département des comptes courans, veillera ftrictement à la bonne tenue de tous les regiftres relatifs à cette partie, le tout fous l'infpection

du Comité des comptes courans , & fous les ordres
de l'Administration.

CHAPITRE. X.

Du Dépôt d'Actions.

ARTICLE PREMIER.

Il fera inceffamment conftruit dans l'Hôtel une ferre,
caveau, ou autre endroit de fûreté, où les papiers feront
parfaitement à l'abri du feu , & dont les clefs feront
gardées par les deux Directeurs.

ART. II.

Les Actions dépofées feront gardées dans ce dépôt ,
dans une caiffe de fer , fous trois clefs ; favoir, celle
d'un Adminiftrateur de femaine, celle du Directeur des
livres , & celle du Secrétaire.

ART. III.

Les Regiftres du dépôt feront {tenus en parties
doubles. Les grands livres fermeront à clef. Chaque
dépôt fera figné par la perfonne qui dépofe , & vifé
enfuite par un Adminiftrateur ; mais nul ne pourra
décharger le Regiftre des actions dépofées ni de leurs
dividendes que la perfonne même au nom de laquelle
le dépôt fera fait , ou du fondé de fa procuration en
bonne & due forme. On fera libre d'ajouter au
compte de chaque dépofant, les claufes, reftrictions
& conditions contenues dans les actes devant Notaires
& autres qui accompagneront ces dépôts ; & l'on fera
tenu de s'y conformer.

A r t. I V.

Le dépôt sera tenu absolument secret, & nul,
hors l'Administration, n'y aura recours, excepté les
propriétaires d'actions déposées, ou leur fondé de
procuration, chacun en ce qui le regarde seulement;
& ces personnes pourront se faire accompagner d'un
Notaire, à l'effet de constater l'existence de leurs
dépôts, à une époque quelconque, sur les livres de
la Compagnie.

A r t. V.

Il ne sera délivré aucun certificat des actions au
dépôt, si ce n'est à l'effet de faire entrer les actionnaires aux assemblées générales. Ces certificats feront
mention du nombre des voix que chaque actionnaire
pourra donner dans les cas de scrutin, relativement
au nombre de ses actions, d'après le règlement du
22 Novembre 1783. Ils seront libellés de manière à
ne point servir de titres contre la Compagnie, & à
être nul & de nul effet, l'assemblée finie.

A r t. V I.

Tous les livres relatifs aux actions déposées seront
tenus par *duplicata*. Chaque opération y sera inscrite
au moment même de sa consommation; & un des
deux recueils de ces livres sera transporté tous les soirs
dans le dépôt de sûreté, dont il est parlé à l'article
premier de ce chapitre, & renfermé dans une boîte
exprès, dont la clef restera sous la garde du Directeur
des livres.

CONCLUSION.

Les Administrateurs trouveront, dans les chapitres précédens, le peu de règlemens positifs que la Compagnie a jugé à propos de leur prescrire, & desquels elle exige qu'ils ne se départent point sans y être autorisés par délibération d'une assemblée générale; mais ils remarqueront que l'esprit général de ces règlemens n'est, pour ainsi dire, que préservatif; qu'on n'a eu en vue que d'éviter les abus, diminuer les risques, & prescrire en général l'ordre, la méthode, la sûreté & la surveillance.

Tous ces moyens tendent sans doute essentiellement à la solidité & à la permanence de l'établissement, &, en cela, à augmenter la confiance du Public, si nécessaire au succès de la Caisse-d'Escompte.

Mais il est des vues générales, des précautions, pour ainsi dire, intellectuelles, qui tiennent au véritable esprit de la chose, que nul règlement ne peut prescrire, qu'aucun conseil ne peut suppléer. C'est-là ce que les Actionnaires attendent principalement du zèle, de l'expérience & de la sagacité des Administrateurs de leurs affaires. Ils se contenteront de recommander ici à l'Administration de regarder la prudence & la modération comme leurs premières vertus; de se rappeller qu'il n'y a de profit désirable, que celui qui promettra permanence & solidité, & qu'on n'est jamais aussi assuré d'être efficacement utile aux autres, que lorsque c'est sans risques ni dangers pour soi.

Leur premier & constant devoir sera de concilier

l'utilité publique avec celle de la Caisse d'Escompte. Ces intérêts bien entendus sont en effet inséparables ; & nous ne devons point oublier que la confiance publique, source de tous nos bénéfices, exige de notre part un retour de vigilance, d'exactitude & de sacrifices mêmes, s'il pouvoit en être besoin, afin de rendre notre établissement de plus en plus utile.

Pour cela, nos Administrateurs doivent tendre sans cesse vers l'augmentation progressive de la masse de nos billets en circulation, non-seulement dans Paris, mais dans toutes les Provinces du Royaume. Cette nouvelle voie de communication facilitera les versemens, en même-tems qu'elle dispensera des transports ; & cette double utilité lui méritera les importantes facilités que l'Administration publique peut seule lui procurer, celles de faire recevoir nos billets dans toutes les caisses royales.

Il faudra aussi s'occuper continuellement des moyens de multiplier les comptes courans avec les particuliers de tous les ordres, & avec toutes les grandes caisses, sources fécondes de jouissances d'argent & de facilité pour le service intérieur ; mais, pour rendre tous ces avantages permanens & durables, il faut que rien ne puisse altérer la résolution prise par la Compagnie de garder toujours, en espèces réelles en caisse, une somme amplement suffisante pour faire face à toutes les demandes.

La proportion fixée à cet égard, par les statuts du 22 Novembre, doit être regardée comme stricte & de rigueur ; nulle considération ne doit engager l'Administration à la diminuer, fût-ce même pour un jour. Ce doit être pour elle une règle inviolable & sacrée.

A quelque somme que nos engagemens puissent s'é-
lever à l'avenir, sur quelque surface qu'ils puissent
être répandus, quelque réfultat qu'ait donné l'expérience, il ne faudra jamais laisser baisser la proportion
au-deffous de celle du tiers au quart, fixée par les
ftatuts. Non-feulement la fûreté des actionnaires &
des porteurs de nos engagemens exige que cette réferve foit toujours intacte, l'utilité publique veu
encore qu'on accumule la somme des efpèces en
caiffe, à mefure qu'on augmente la circulation des
billets; car il eft de principe inconteftable, que toute
circulation de papier, faifant office d'efpèces, a une
tendance directe à diminuer la quantité des efpèces
réelles en circulation. C'eft pour tempérer cet effet du
papier circulant, que la réferve ordonnée doit être
inviolablement maintenue, comme principe de l'Adminiftration publique.

Cette proportion, au refte, n'eft établie que pour
les tems ordinaires & tranquilles. Il en furvient quelquefois d'autres; nos Adminiftrateurs feront plus que
nous à portée de les prévenir ou de s'en garantir.
Ils font communément annoncés par des opérations
forcées, des mouvemens inufités, des tranfports d'argent & des foubrefauts dans la circulation. Au moindre
avertiffement de cette efpèce, à chaque crue ou diminution fubite de nos billets, nos Adminiftrateurs
redoubleront de furveillance, & tâcheront de remonter aux caufes; mais une diminution fenfible de
l'efcompte, tant en maffes qu'en échéances, afin de
remonter la proportion des efpèces au-deffus de la
fixation ordinaire, fera le premier effet de la plus
légère inquiétude; le refte dépendra d'eux.

En acceptant d'entrer dans l'Administration de la Caisse d'Escompte , ils doivent à la Compagnie leurs soins, leur vigilance , l'emploi de tous leurs talens pour l'utilité commune ; & les Actionnaires leur devront, en retour, confiance, reconnoissance , soutien : ce sera de cette réunion heureuse que résultera l'oubli des malheurs passés , & le raisonnable espoir d'une prospérité solide dans l'avenir.

A PARIS, chez CLOUSIER , Imprimeur du ROI , rue de Sorbonne.

www.ingramcontent.com/pod-product-compliance
Ingram Content Group UK Ltd.
Pitfield, Milton Keynes, MK11 3LW, UK
UKHW022048170726
13837UKWH00002B/836